VOLAR SOBRE EL PANTANO

CARLOS CUAUHTÉMOC SÁNCHEZ

VOLAR SOBRE EL PANTANO

**NOVELA DE VALORES
PARA SUPERAR LA
ADVERSIDAD Y TRIUNFAR**

Ediciones Selectas Diamante, S.A. de C.V.
Libros que transforman vidas

VOLAR SOBRE EL PANTANO

Derechos reservados
© 1995 Carlos Cuauhtémoc Sánchez.
© 1995 Ediciones Selectas Diamante, S.A. de C.V.
Libros que transforman vidas.
Convento de San Bernardo N° 7,
Jardines de Santa Mónica, Tlalnepantla,
Estado de México, C.P. 54050 Ciudad de México.
Tels. y Fax: (5)397-79-67, 397-31-32,
          397-60-20, 397-59-21
E-mail: diamante@data.net.com
Miembro de la Cámara de la Industria Editorial
Mexicana N° 2778.

ISBN 968-7277-13-4

IMPRESO EN MEXICO
PRINTED IN MEXICO

Portada: *"La Magdalena elevada al cielo".*
          Giovanni Lanfranco (1582-1647)

Esta obra se terminó de imprimir en septiembre de 1997.
En los talleres de Fernández Editores, S.A. de C.V.
La edición consta de 25,000 ejemplares.

CONTENIDO

Zahid:
Desde que te vi por primera vez,
me di cuenta de que eres un triunfador.
Este libro es para ti.

1

LA SOLEDAD

Lisbeth parecía desconcertada por mi insistencia.

Dejó su vaso de refresco sobre la mesa y me miró de forma transparente por unos segundos.

—No te entiendo —me dijo—, habíamos convenido olvidar ese asunto y ahora quieres revivirlo.

La brisa del mar le alborotó el largo cabello. La miré temblando con la carta de mi hermana en la mano.

—Que yo sepa, Alma no sufrió como tú sufriste —le dije—, pero seguramente no se necesita vivir algo tan duro para hundirse.

—¿Hundirse? ¿Por qué piensas que se ha hundido?

—No sé. Tal vez estoy malinterpretando las cosas o mezclando su carta con mis pesadi...

Me detuve. Lisbeth me miraba callada. Me encogí de hombros y completé:

—Las pesadillas han vuelto.

Asintió lentamente.

—Lo sé.

Caminé hacia ella.

—Son demasiado reales *otra vez*... No quería preocuparte.

—Pero el médico nos dijo que los sueños no se repetirían a menos que...

Dudó.

—Dilo.

—A menos que volvieras a vivir una angustia similar.

—Exactamente. Por eso necesito que me platiques la historia que nunca quise oír... Necesito que *tú* me digas lo que siente una mujer que ha sido víctima de un abuso. Porque las pesadillas tienen el ingrediente de siempre: mi hermana Alma. La escucho gritar, llorar, suplicarme. Y me despierto sudando, mirándola, como si estuviera allí, con su gesto solitario, ávido de afecto, de comprensión y ayuda...

Un grupo de pelícanos volando en delta pasó sobre nuestras cabezas.

Lisbeth sabía que no tenía otra alternativa, que yo no quitaría el dedo del renglón. Suspiró.

—Está bien.

Cuando mi padre irrumpió en el recinto, estaba preparándome para dormir.

Extrañamente, no tocó la puerta. Entró con vehemencia como si se estuviera quemando la casa.

—¡Tienes que venir conmigo! Vístete rápido.

Era una orden.

—¿Qué ocurre?

—No hagas preguntas. Apresúrate.

Sólo algo muy grave podía provocar en él esa actitud a las diez de la noche.

—¡Te estoy esperando...!

—Ya voy.

Terminé de vestirme con la primera indumentaria que hallé a la mano. Salí de mi cuarto asustada. Sin decir palabra, papá caminó decidido a la puerta exterior. Lo seguí. Casi en el umbral estaba mi madre retorciéndose los dedos. Pasamos junto a ella. Evadió mi mirada.

El automóvil se hallaba con el motor en marcha, la portezuela abierta y las luces encendidas, como si hubiese detenido el vehículo de paso sólo para recogerme.

—¿Adónde vamos?

No contestó. Tenía el rostro desencajado, la respiración

alterada. Manejó rápidamente, casi con enojo. Se dirigió al centro de la ciudad.

—¿Desde cuándo sales con ese joven? —cuestionó.

—¿Adónde vamos, papá?

—Te hice una pregunta.

—Desde hace cuatro meses.

—¿Te ha dado a probar alguna sustancia?

—Papá, ¿qué te pasa?

De improviso viró a la derecha y se internó por una barriada oscura y peligrosa. Después de dar varias vueltas sin la más elemental precaución, se detuvo justo frente a un grupo de tipos que, sentados en la banqueta, se drogaban. Eran seis o siete. Acomodados en semicírculo, los bultos humanos enajenados compartían los estupefacientes con movimientos extremadamente torpes.

—¿Lo ves? —mi padre se hallaba fuera de sí.

Negué con la cabeza.

—¿Qué quieres que vea?

—Observa bien.

Se encorvó para alcanzar una linterna que llevaba debajo del asiento y cuando estaba tratando de encenderla, una de las muchachas drogadas se levantó para acercarse a nosotros. Mi padre la alumbró con el reflector. Era joven, de escasos dieciséis o diecisiete años, con la cara sucia, sin sostén y la blusa abierta hasta la mitad.

—No abras —dijo papá.

La chica se aproximó al automóvil tambaleándose, puso su boca sobre la ventana de mi lado, fue bajando lentamente hasta que su repugnante lengua excoriada terminó de lamer el cristal.

—Vámonos —dije temblando por el repentino terror que me causó la escena—. No sé qué tratas de enseñarme.

—Observa.

La joven desapareció bajo mi portezuela. Papá aprovechó para apuntar con la linterna de mano hacia el grupito de despojos humanos.

—¿Ahora sí lo ves?

El haz luminoso descubrió el rostro de un muchacho que yo conocía muy bien.

—¿Martín…?

—Sí.

—No puede ser… Sólo se parece…

—Es él.

—Pero…

Una angustia lacerante comenzó a asfixiarme. Abrí la puerta y me bajé. Sin quererlo, pisé a la chica que estaba alucinando casi debajo del automóvil. No se quejó. Caminé con pasos trémulos hasta los drogadictos. Mi padre me alcanzó.

—Es peligroso…

Martín levantó la cara y me clavó la vista como intentando reconocerme.

Las lágrimas de miedo se convirtieron en lágrimas de ira. Quise golpearlo, matarlo, matarme… Maldije la hora en que se detuvo para invitarme a salir, la hora en que, sin conocerlo más que de vista, acepté, la hora en que…

—Hola… —bisbisó—, necesi… ven… acércate… necesito…

—Vámonos.

—Espera. Quiere decirme algo.

—¡Vámonos!

Me jaló hacia el coche, hizo a un lado a la muchacha, me abrió la puerta, subió y arrancó a toda velocidad.

Durante un buen rato en el camino de regreso a casa no hablamos. Yo llevaba la vista perdida, los ojos llenos de lágrimas, un nudo de rabia en la laringe.

—Sé cómo te sientes, Lisbeth —dijo al fin—. Pero hay muchos hombres en el mundo. Este sujeto te engañó… Y, perdóname que lo diga pero, *qué bueno* que lo viste ahora, antes de que te lastimara o te indujera a drogarte también.

No contesté… ¿Cómo decirle que sentía poco amor y poca atención en mi casa? Que no importaba que viviéramos entre algodones si nadie se interesaba realmente en mí, la vida no tenía valor alguno ¿Cómo decirle que precisamente por tener una existencia vacía me había entregado a él… aun sin amarlo ni conocerlo bien…?

—Yo también me siento destrozado por tu tristeza —comentó—. La semana pasada dijiste que querías mucho a ese joven.

La semana pasada quise hablar, pero nadie suspendió lo que estaba haciendo para escucharme de verdad, así que sólo pude decir eso, que estaba enamorada de Martín, nuestro vecino de toda la vida. Pero no era eso lo que quería decir... no era *sólo* eso...

Estacionó su automóvil frente a la casa de mi novio. Se bajó, tocó la puerta. El padre salió, saludó de mano y se inició entre los dos progenitores una penosa conversación. Papá explicó lo que habíamos visto, haciendo grandes aspavientos. Al rostro de su interlocutor se le fue yendo el color. La madre apareció en escena; ella *sí* reaccionó visiblemente agresiva. Insultando, gritando... Agaché la cabeza y cerré los ojos.

¿Cómo me enredé con él? Siempre fue un vecino distante. Me caía mal. Cuando era niña, lo veía desde mi ventana matar pájaros con su honda y aventar piedras a los autobuses. Apenas cuatro meses atrás, nos encontramos en el parque del fraccionamiento. Seguía desagradándome, pero yo me sentía muy sola y acepté su invitación a salir... Desde la primera cita le noté algo raro: sus repentinos cambios de humor, su sadismo, sus ojos rojos. Era a veces violento y a veces dulce. ¿Qué habría querido decirme hacía unos minutos?

Papá regresó al coche dejando a la infortunada pareja discutiendo.

Mi casa estaba a media cuadra de distancia. Llegamos de inmediato. Los gritos de los vecinos peleando se escuchaban hasta allí.

Mamá estaba esperándonos. Apenas entramos quiso consolarme, pero yo me separé y fui a mi recámara. Casi tropecé con mis dos hermanas que me miraban como si fuera un espanto.

Dentro de mi cuarto di vueltas. Me tiré en la cama. Estuve llorando por casi una hora.

De pronto sonó el teléfono.

—Es el padre de Martín —dijo mamá—. Quiere hablar contigo.

Me quedé helada sin saber qué hacer.

—Abre, por favor.

—Déjenme en paz.

—No queremos que te encuentres sola en este momento.

La palabra "sola" fue directa a mi entendimiento como daga al corazón... ¿Qué había dicho? ¿Cómo era capaz...?

Entonces abrí la puerta y me enfrenté a la familia. Mi madre y hermanas estaban en primer plano, mi padre atrás.

—No debes sentirte tan mal... Sabemos que deseabas casarte, pero, como ves, no te conviene...

Interrumpí a mis consoladores de forma tajante. Nunca pensé decírselo así, pero si querían entender la magnitud de mi desdicha, tenían que tener a la mano todos los elementos.

—Estoy embarazada de él.

Apenas lo mencioné se hizo un silencio sepulcral.

—¿Qué dijiste?

—Lo que oyeron. Que estoy embarazada... Pensaba explicarlo el otro día...

El pasmo fue impresionante. Tardaron en asimilarlo, pero apenas lo hicieron reaccionaron con furia.

—¿Cómo te atreviste? ¿Qué no piensas? ¿Eres estúpida?

Me encogí de hombros. Al decirles la noticia, mi coraje ingente desapareció y comencé a desmoronarme, a entender precisamente eso: lo estúpida que había sido.

—¿Lo amas?

—¿Por qué te acostaste con él?

—¿Te forzó?

Negué con la cabeza todas las preguntas. Hablar de melancolía, de confusión, de baja autoestima, hubiera sonado fútil. Y ellos querían argumentos razonables, razones argumentables...

—Maldición —dijo mi padre empujando a todos y entrando a mi habitación. Arrancó la lámpara de lectura y la hizo trizas; bufó, gritó *"¿por qué?"* una y otra vez. Se acercó a mí con grandes pasos como dispuesto a golpearme, me tomó de los hombros y me reclamó con un alarido:

—¿Has probado la droga?

—No, no.

Me empujó hacia atrás. Me dejé ir con el impulso.

Apenas mi cara estuvo a unos centímetros del suelo entendí que había caído... Física, intelectual, espiritual, moral, anímica, íntima, psicológica, emocionalmente...

—¿Cuánto tiempo tienes de embarazo? —preguntó mi hermana.

Le contesté haciendo un tres con los dedos de la mano izquierda...

—¡Eso es, lloriquea! —remató mi padre—. No te queda otra opción. Has acabado contigo y además has deshonrado a la familia. Tu aventurilla nos afecta a todos... A tus hermanas. Eres la mayor, ¿sabes el ejemplo que das? —las palabras se le atoraron en la garganta, respiró tratando de controlarse—. ¿Tú crees que es justo? Yo siempre supuse que llegarías muy alto, no sabes lo decepcionado que estoy —corrigió—, que *estamos* todos de ti...

Lo más terrible de escuchar esa última frase fue que nadie se movió de su sitio para defenderme, ni mis hermanas ni mi madre.

Tirada en el suelo, quise levantar la cabeza y preguntarle a papá dónde había quedado aquello que me dijo en el automóvil respecto a *"Yo también me siento destrozado por tu tristeza"*. Quise reclamarle a mi madre y cuestionar dónde estaba aquello de *"no queremos que te encuentres sola en este momento"*. ¿Es que lo habían dicho sin pensar? ¿O es que estaban a mi lado dispuestos a consolarme *sólo en caso* de que se tratara de una simple desilusión per-so-nal, pero por supuesto *no* en el caso de que mi error afectara su imagen de buenos padres ante los demás, su *estatus* de gente *"nice"* a la que todo le sale bien y su maldito apellido de familia virtuosa que no puede darse el lujo de tener una madre soltera en casa?

El padre de Martín me esperaba al teléfono. Quise levantarme, pero no pude. Mamá se puso en cuclillas y apoyó una mano sobre mi espalda; tuve deseos de quitarla, empujarla, decirle que repudiaba su postura convenenciera, mas había perdido toda la energía. Me sentía pequeña, exánime... cual gusano inmundo.

Mis hermanas trataron de moverme. No lo lograron. Yo era un bulto pateado, un árbol caído hecho leña, un ente sin amor propio llorando a mares, sabiéndome acreedora del peor castigo por no haber pensado bien las cosas, sintiéndome indigna de estar viva, odiando al bebé que llevaba en mis entrañas y al mismo tiempo amándolo al saberlo mi cómplice... Él era el único amigo desvalido que comprendía mi dolor y que, sin tener culpa de nada, era el culpable de todo...

Me sentí madre por primera vez. Una madre SOLA.

Haciendo un esfuerzo sobrehumano me puse de pie y fui al teléfono para contestar al papá de Martín.

—¿Hola?

—¿Lisbeth?

—Sí.

—Encontraron a mi hijo sumamente grave.

—¿Dónde está?

El hombre me dio santo y seña del hospital y cuando iba a preguntarme algo, como autómata, sin escuchar más, dejé el receptor en la mesa para encaminarme a la calle. Ignoraba que al salirme de la casa estaba a punto de entrar a un terrible pantano de desesperación y terror.

—¿Adónde vas?

No contesté.

Años después me doy cuenta de que es, ni más ni menos, la *soledad* lo que nos atrae al fango como una melodía diabólica. La *soledad* es la orilla del fango en el que inicia la perdición de cualquier ser humano... Una vez cayendo en ella, el lodazal comienza a jalarnos hacia cienos de mayor espesura... Y habría que entenderlo muy bien: **la soledad no significa estar *físicamente* solo, significa tener carencia de afecto...** Uno puede crear, meditar, planear y trabajar estando corporalmente aislado y sentirse muy feliz, si en lo más íntimo del ser se tiene la energía de saberse amado por alguien... aunque ese alguien no esté allí... En cambio, otra persona puede hallarse rodeada de mucha gente y sentirse mortalmente desdichada al saberse ignorada. La soledad lleva al alcoholismo, a la droga, al adulterio, al suicidio... Es una arena movediza en la que caí, aquella noche, irremisiblemente.

2

LEY DE ADVERTENCIA

Lisbeth se detuvo en su relato.

La historia no sólo me dolía, sino que me causaba una gama de sentimientos mezclados. Ira, celos, nerviosismo.

—Te dije que iba a ser penoso hablar de esto.

—No. Es decir, sí. En realidad estoy impactado.

Quiso aplastar un díptero que le había encajado su aguijón dándose una repentina palmada en el brazo, pero falló.

—¿Entramos a la casa? —preguntó poniéndose de pie y caminando sin esperar respuesta.

La seguí. Habíamos encontrado en ese enorme jardín, a la orilla de la playa, un paraíso de paz, ideal para jugar e intimar.

Cerré el cancel corredizo de aluminio y me acerqué a ella.

—Continúa, por favor.

—Pero antes explícame: ¿Qué traes entre manos?

—Sólo quiero conocer cómo superaste tu problema de embarazo no deseado.

—¿Por qué ahora? Es algo que acordamos no volver a mencionar.

Tenía razón y yo no podía ocultarle mucho tiempo la verdad.

—Acabo de recibir una carta de mi hermana.

—¿Alma?

Asentí…

—Pero nosotros nos acabamos de mudar aquí. ¿Cómo te localizó?

—Escribió a la empresa en la Capital. De ahí me envían la correspondencia. Esta carta me ha exigido reflexiones que no puedo hacer solo, por eso te pedí que hablaras de *eso*...

—Zahid, me asusta tu actitud. ¿Qué te pasa? ¿Tiene algo que ver ella conmigo?

—En cierta forma. Lo que acabas de platicarme, por ejemplo, me ayuda para entenderla mejor. *La carencia de afecto, la soledad que mata, el fango cenagoso que asfixia.* Alma siempre fue el personaje testigo de las peores tragedias, nadie la tomaba en cuenta, nadie le preguntaba su opinión; si había algo serio que conversar, le ordenaban retirarse, fue subestimada por todos, tratada como un estorbo. En su rostro era posible detectar, a veces, una gran ternura, una gran, gran necesidad de amor... ¿Sabes? El haber recibido esta carta precisamente ahora es un desastre para mí.

Me senté a su lado y abrí el sobre muy despacio.

—Te la voy a leer. Escúchala y dime si puedes ver entre líneas algo que tal vez yo, como hombre, no he captado.

—De acuerdo.

Desdoblé el papel azul y el mensaje de mi hermana se presentó ante mis ojos con su letra manuscrita. Alma tenía una caligrafía de rasgos finos y simétricos, pero en esta ocasión los trazos se veían temblorosos y en algunas líneas excesivamente suaves.

Comencé a leer sin poder evitar una sensación de pesadumbre.

Zahid:
Todos tenemos diferente umbral de dolor. Algunas personas con una simple infección estomacal se dan cuenta de que deben cambiar sus hábitos alimenticios, hacer ejercicio y procurar una vida más sana; un pequeño estímulo les es suficiente a ellos para llevarlos a la reflexión y al cambio... Otros, en contraste, hacen caso omiso a las advertencias suaves y requieren hallarse moribundos con una cirrosis aguda o con una angina de pecho para decir: "caray, ahora sí tengo que cuidarme..." Es cuestión de cómo se es... de cómo se reacciona...

Creo que tú eres de los que se mueven con un pequeño estímulo; de los que no esperan advertencias mayores. Yo, en cambio, soy de las que siempre suponen que las cosas mejorarán por sí solas... Ahora es demasiado tarde...

Interrumpí la lectura. La sangre se me había detenido en la cabeza. Era la tercera vez que leía las líneas y nuevamente comprobaba que algo malo le ocurría a Alma.

—Continúa, Zahid, ¿qué más dice?

Necesito verte. No puedo pensar en nadie más. El conocimiento de lo que hiciste por mí me ha mantenido viva los últimos meses, pero te confieso que en mis periodos de ofuscación el recuerdo se torna borroso y grotesco... Saber que tuviste el valor y el cariño para defenderme y que fuiste capaz de dar esa mitad de tu vista por mí me ha proporcionado la energía de saber que fui amada alguna vez. Sé que todas las mañanas al verte al espejo me recuerdas y yo, perdóname, me siento un poco mejor por eso...

Guardé silencio. Lisbeth ya no insistió en que siguiera. Había captado la gravedad del asunto... Después de unos segundos continué leyendo con volumen más bajo.

Tal vez no puedas ayudarme. Sé que darías tu vista completa por mí, si fuera necesario, pero no quiero ser una carga más. Ojalá que vengas... Aquí el tiempo transcurre muy lentamente. Podemos platicar como cuando estábamos en aquella habitación, tú en la cama después de haber perdido tu ojo izquierdo. Sólo que ahora soy yo la que estoy en cama y he perdido, igual que tú, algo irrecuperable. ¿Sabes? Hubiera querido no ser mujer, no ser tan débil, no haberme encerrado en mi angustia, no haber nacido...

Perdóname si te causo alguna preocupación innecesaria, pero tarde o temprano tenía que hablar. Tu dolor fue conocido por todos y eso te ayudó a curarte, el mío en cambio fue secreto y me ha ido matando lentamente con los años... Como ves, a veces todavía pienso con lucidez, pero sólo a veces...

Zahid. Si no puedes venir a verme, por favor, no le digas a nadie dónde estoy".

Te quiere,
Alma

Hubo un silencio denso, gélido en la habitación.

—El sobre no tiene remitente —comenté desconcertado—; al reverso únicamente están escritas tres palabras: "Hospital San Juan".

Jugueteé con el pliego sin decir más. Había llegado a la conclusión de que sólo podía tratarse de un sanatorio de traumatología, pues ella decía *haber perdido, como yo, algo irrecuperable...* O, tal vez... uno de psiquiatría...

—¿Perdiste el ojo por defender a tu hermana?

Me puse de pie y caminé por la sala. Seguramente el origen de mis pesadillas era precisamente el haber mantenido muchas cosas en secreto.

—Alma estuvo acompañándome día y noche junto a mi cama en aquella ocasión —comencé deshilvanado, tratando de evadir la pregunta—, se sentía culpable... También admirada y agradecida. Su autovaloración estaba por los suelos —la tétrica pesadumbre me invadió—. No sabes cómo me dolió cuando supe que se fue con aquel hombre...

Un pelícano cayó repentinamente en la terraza y nos observó moviendo su enorme y deforme pico detrás del cristal. Dejamos de hablar observando a nuestra vez al confundido forastero.

—En la carta, Alma dice que tu dolor fue conocido por todos y que el de ella en cambio era secreto, ¿a qué se refiere?

—Lo desconozco. Era muy introvertida. Yo quise ayudarla muchas veces. Cuando me fui becado a la Universidad, le escribía cada mes, le envié decenas de libros de superación e invitaciones a cursos. Realmente me preocupaba por ella, pero jamás descifré el enigma de su aislamiento. Nuestra juventud fue dura. Las heridas de un hogar en el que el padre es alcohólico y la madre neurótica son muy profundas.

—¿Sabes? —me dijo con seriedad—, efectivamente he detectado algo muy grave en su carta...

—¿Qué?

El pelícano aleteó con torpeza y emprendió el vuelo nuevamente rumbo a la playa.

—Necesita ayuda urgente.

Miré el reloj. Eran las seis y cuarto. A las siete despegaba el último vuelo directo a la Capital.

Corrí a buscar el libro telefónico. Protesté en voz alta por no hallar más que el pequeño directorio local. Teníamos viviendo en esa ciudad de la costa apenas dos meses y aún no me acostumbraba a la lejanía.

Marqué por larga distancia directa el número de mis padres. Mamá descolgó.

—Hola, soy Zahid, ¿cómo están?

—Bien, hijo, qué gusto oírte.

—Gracias, disculpa la prisa, pero, ¿sabes el domicilio de mi hermana Alma?

Mi madre enmudeció unos instantes.

—Lo ignoro —replicó al fin—, desde que decidió "juntarse" con aquel hombre, cambió mucho. Hace un año que no la vemos. Me dijeron que se había separado del fulano, pero ignoro dónde puede haber ido. La hemos buscado, pero se esconde. ¿Tienes noticias de ella?

Dudé por un momento... Yo también le había perdido la pista.

Recordé que mi hermana me pedía en su mensaje *"si no puedes venir, por favor, no le digas a nadie dónde estoy"*. Eso evidentemente incluía a mis padres... Pero, ¿dónde estaba? ¿Por qué no envió algún dato para que me comunicara? ¿O es que suponía que el hospital San Juan era mundialmente conocido?

—Dime una cosa, mamá —pregunté—: ¿Alma se llevó consigo todos los libros y casetes de superación que le he enviado?

—No. Aquí están en un armario si los necesitas. Creo que ni siquiera los leyó. Ella es muy extraña...

Era verdad, pero yo amaba a mi hermana *así como era*. Quizá porque, en efecto, le había dado algo muy valioso de mí.

—Bueno. Tengo que irme. Nos mantendremos en contacto. Cuidate.

Apenas corté, marqué a la operadora.

La telefonista tardó tres minutos en contestar; me parecieron tres horas. Cuando le supliqué que me diera información respecto al hospital San Juan de la Capital, se demoró otros tres minutos más. La maldije una y otra vez entre dientes. Finalmente me dictó un domicilio escueto, dos números telefónicos y cortó.

Lisbeth me observaba de pie con mirada ansiosa.

—Tengo la dirección —increpé—, por favor, trata de comunicarte, a ver si saben algo de mi hermana allí. Voy a cambiarme.

Mi cabeza estaba hecha un torbellino.

La siguiente semana presidiría la inauguración de mi empresa más grande; las oficinas generales se habían construido en esa ciudad de la costa, a la que habíamos decidido mudarnos para radicar. Si Alma tenía problemas, tal vez no me daría tiempo de volver para la ceremonia inaugural. No quise pensar en ello, por lo pronto debía llevar conmigo cartera, tarjetas de crédito, teléfono celular, una bolsa con los objetos de aseo personal… El viaje era largo, pero si salía esa misma tarde quizá todo podría arreglarse en tres o cuatro días y tendría posibilidad de regresar a tiempo.

Torné a la estancia y escuché a Lisbeth discutir por la línea con alguien.

—¿Qué ocurre? —pregunté.

—No me quieren dar información telefónica.

—¿Pero saben de mi hermana?

—Dicen que sí.

Le arrebaté la bocina e increpé con vehemencia:

—Vamos para allá, pero resuélvame una duda antes que nada. ¿Qué tipo de hospital es ahí?

Cuando la voz escueta y mordaz contestó mi pregunta, me quedé helado por la confirmación de algo que no quería oír.

—Zahid, acabo de descubrir algo que tampoco te va a gustar.

Me volví hacia Lisbeth azorado.

—Tu hermana escribió esta carta *hace un mes*… Ella no le puso fecha, pero el matasellos lo dice. Seguramente en la empresa se tardaron en traértela hasta acá esperando que se acumulara más correspondencia.

—Voy a la Capital. ¿Vienes conmigo?

—Por supuesto.

—Pero no hay tiempo para preparar equipaje. El vuelo despega en unos minutos.

—Estoy lista.

Salimos de la casa sin apagar las luces.

En el camino al aeropuerto conduje el automóvil con la vista extraviada en los recuerdos.

Años atrás, cuando perdí el ojo, le compartí a Alma la lección que había entendido:

Estamos llamados a la perfección. Es la ley de advertencia. NADA OCURRE DE REPENTE.

Quien pierde su familia, quien se divorcia, quien va a la cárcel, quien se queda solo y sin afectos no puede decir *"de pronto me ocurrió esto"*. **Siempre tenemos advertencias graduales hasta que llegamos al umbral de dolor. Hay personas que reaccionan con la simple voz de su conciencia o la lectura de un libro y hay otras que hacen oídos sordos a todo y sólo cuando están hundidos se dan cuenta de que es momento de hacer algo.**

Después de sufrir el terrible accidente ocular tomé una decisión tajante de transformación. Se la compartí a mi hermana llorando. Ahora me devolvía los conceptos que le dije, en una enigmática carta…

Cuando llegamos al aeropuerto, la señorita del mostrador nos anunció lacónicamente que el vuelo se había cerrado hacía mucho tiempo. Le dije que era una emergencia, le grité, casi me subí a la barra con ganas de asirla de los cabellos y hacerla entender que *no* estaba preguntándole si estábamos a tiempo o no.

—Usted no ha comprendido —me dijo.

—¡Es usted la que no ha comprendido! Detenga el maldito avión.

—Señor, discúlpeme. El vuelo salió a las seis treinta… Son las siete de la noche.

—¿Cambiaron los horarios?

—Hace más de dos meses.

Me desmoroné… hacía más de seis que no tomaba un vuelo comercial.

—¿Por qué no tratas de localizar al piloto de la empresa? —me preguntó Lisbeth.

—No está. Tampoco el avión. Fue a recoger a los invitados especiales para la inauguración.

—Podemos tomar un taxi aéreo...

—Claro.

Corrimos al pequeño edificio de aviación privada que se hallaba a kilómetro y medio de ahí.

De guardia, había un piloto extremadamente joven y mal vestido que podía llevarnos en una avioneta de siete plazas con cabina presurizada. Hice cuentas. Si el jet tardaba tres horas y media, en ese artefacto nos llevaría casi seis. Estaríamos arribando a la una de la mañana. ¿Nos permitirían entrar a esa hora al hospital?

La otra opción era calmarnos, volver al departamento y tomar en la mañana el vuelo de las diez. En mi cabeza martilló un párrafo específico de la carta que me hizo tomar la decisión:

Creo que tú eres de los que se mueven con un pequeño estímulo; de los que no esperan advertencias mayores. Yo, en cambio, soy de las que siempre cree que las cosas mejorarán por sí solas... Ahora es demasiado tarde...

—Nos vamos.

En lo que prepararon el aeroplano me tranquilicé. Había puesto manos a la obra. Era lo importante. No tenía más qué hacer por el momento.

—Va a ser un vuelo largo —le dije a Lisbeth.

—Podemos aprovechar para dormir. Llegaremos en la madrugada y... —se detuvo—. Perdona. Si no quieres dormir conversaremos. Tal vez tus pesadillas se acaben cuando veas a Alma.

Asentí.

Después de un rato caminamos detrás de un piloto que no parecía piloto para subirnos a un avión que no parecía avión. Al pisar la carlinga, vi mi rostro reflejado en el cristal. El defecto visual era más notorio con esa luz amarillenta. Alma suponía que yo me lamentaba cada mañana por mi mutilación, pero el ser humano se acostumbra a todo, además en esta época, las prótesis pueden hacer maravillas.

Nos acomodamos en la reducida cabina. Tomé la mano de Lisbeth y le dije poco antes de despegar:

—Un día hicimos el pacto de no escarbar en nuestras heridas más profundas, de no irrumpir en los recuerdos dolorosos para evitar revivirlos, pero hoy el velo ha comenzado a descorrerse y...

—Iba a ocurrir tarde o temprano. Yo te lo dije.

—¿Terminarás de contarme cómo superaste el problema de Martín y cómo saliste adelante con un embarazo no deseado a los diecisiete años?

—De acuerdo, pero tú también me contarás la verdad de cómo perdiste ese ojo. No superficialmente, no de forma arreglada... Abrirás ese cofre cerrado de tristezas frente a mí.

Era un pacto justo. Aunque todavía me mortificaba la idea. Me vio dudar.

—Quizá al platicarme —insistió—, puedas concretar algunos puntos que te sirvan para el discurso inaugural de la empresa. Nadie gana por casualidad, Zahid. Cada hombre exitoso posee una filosofía de vida que lo lleva a **tomar decisiones correctas en los momentos precisos**... En resumen eso es lo que necesitas decirle a tu gente.

—*Tomar decisiones correctas en los momentos precisos* —repetí la frase que efectivamente podía sintetizar la esencia del éxito— Es como señalar la punta de una montaña y decir: *"Amigos, para llegar a la cima sólo lleguen ahí..."*

—Bien. Lo esencial es el cómo lograrlo. Al recordar con cuidado tu propia trayectoria, verás que todo sale a flote.

Guardamos silencio mientras el artefacto despegaba. Pero en mi mente discernía, con cierta pena, cómo **las madres solteras suelen ser maltratadas desde el momento de su embarazo. No hay nada más injusto**, me dije. **La gente ignora lo madura, lo dulce, lo grande que puede ser una mujer así.**

—No me arrepiento de haberme casado contigo. Estoy orgulloso de ser tu pareja para toda la vida.

Entonces apoyó su cabeza en mi hombro. Teníamos cuatro meses de habernos unido en matrimonio. Esta vez, la luna de miel, en la que aún nos encontrábamos, estaba a punto de convertirse en tierra de amargura.

3

CORRUPCIÓN GRADUAL

Comencé a hablar retomando los aspectos más importantes del pasado, aunque de muchos de ellos tal vez Lisbeth ya tenía conocimiento.

Recliné el asiento de la avioneta y cerré los ojos para recordar mejor lo que estaba diciendo.

A los dieciocho años de edad formaba parte del equipo colegial de futbol. Pasaba horas en el campo, me gustaba entrenar y anhelaba llegar a ser un jugador profesional. Sin embargo, nuestro grupo era malo y resultaba difícil tratar de superarse rodeado de tanta apatía. La mayoría de los compañeros eran jóvenes amañados que se habían matriculado en el deporte con la única finalidad de evadir el estudio. No participaban en los entrenamientos con disciplina y eran a tal grado hostigosos que sus violentas provocaciones y bravatas hicieron renunciar al entrenador. La dirección de la escuela tomó cartas en el asunto y contrató a un hombre maduro excesivamente riguroso para encarrilar al equipo. De los diecinueve integrantes desertaron doce.

Un día Joel —mi mejor amigo— y yo caminábamos hacia el campo cuando fuimos interceptados por el grupo de renegados. Nos preguntaron altaneramente adónde íbamos. Ni mi amigo ni yo contestamos.

—Quedan siete afeminados en ese equipo —sentenció el líder arrojando su lata de cerveza frente a mí—, ¿por qué están con ellos? ¿Les gusta lo que hacen en las regaderas después de entrenar?

Yo era sumamente irritable, sin embargo, no me atreví a retar a los agresores. Joel fue quien contestó:

—Déjenos en paz. Nosotros sabemos lo que queremos. Ustedes no.

Los ofensores soltaron una carcajada y levantaron a mi amigo en vilo. Al ver que peligraba nuestra integridad, grité con fuerza:

—¡No tienen derecho a meterse con nosotros, estamos tratando de superarnos!

Mi inocente increpación provocó las burlas más enconadas de la pandilla. La letanía de pitorreos y palabras soeces cayó sobre nosotros como una lluvia cerrada. Joel logró liberarse de la opresión y ambos escapamos corriendo.

Llegamos con el entrenador y le platicamos lo que había ocurrido. Hasta cierto punto nos sentíamos orgullosos de haber resistido la confrontación, pero el viejo ignoró nuestra hazaña, no nos dio ni una palmada en la espalda ni una frase de aceptación o apoyo. Sólo nos castigó con ejercicios extra por haber llegado tarde.

Me sentí triste y herido. Los adultos no se dan cuenta de cómo pueden afectar la autoestima de los jóvenes. Parecerá una nimiedad, pero lo cierto es que recibir afecto era prioritario para mí en esos momentos. Al llegar a casa le conté a mi madre cómo habíamos resistido a la pandilla de rufianes y ella también me cambió el tema. No me escuchó. No le interesó. Entonces la pequeña herida de mi alma comenzó a infectarse.

Vivíamos en un viejo edificio de tres pisos. La planta baja se usaba para un negocio de renta de películas que era propiedad de mi tío Roníspero (al que decíamos por comodidad y misericordia simplemente *Ro*), en el segundo nivel residíamos nosotros y en el tercero habitaba la abuela inválida y nuestro tío viudo. Ro siempre fue un apoyo para la familia, sobre todo cuando mi padre se convirtió en alcohólico.

De ser un hombre de negocios firme, papá se fue haciendo voluble, jactancioso, burlón; lastimaba con la boca y a veces con las manos, se metía en problemas y proclamaba que los demás tenían la culpa de todo lo malo que pasaba. Llegando a casa se servía un trago, ponía el tocadiscos y, con la excusa de estar escuchando música, antes de darse cuenta se había bebido media botella de whisky.

Sin que nos pusiéramos de acuerdo, llegamos a formar un equipo para protegerlo de sus malos actos. Cuando no se podía levantar al día siguiente, mamá hablaba a su trabajo y lo excusaba inventando alguna justificación, el tío Ro hacía las compras y los pendientes más importantes, yo faltaba a la escuela y en ocasiones llevaba cotizaciones a sus clientes. Si vomitaba sobre su ropa, lo arrastrábamos a su cuarto y lo cambiábamos. Era asqueroso y deprimente hacer eso. A veces mamá sufría de episodios depresivos y se encerraba por horas; entonces Alma se encargaba de las labores y hacía la comida. Mi hermanita creía en lo más hondo de su ser que si todos cooperábamos, papá dejaría de ser el tirano voluble que era.

Y es que vivir a su lado era un juego de azar. Nunca se sabía cuándo sería ridículamente permisivo y cuándo un tirano soez. Si en la sobriedad era difícil prever sus reacciones, en la ebriedad era imposible. Un día, porque reprobé un examen de matemáticas en la secundaria, me dio una paliza infrahumana con el cinturón. Mi madre comenzó a volverse loca; gritaba por todo y siempre tenía los nervios de punta.

Alma y yo aprendimos que no había más límites en la vida que el humor de nuestros padres. La única isla de paz era el departamento de arriba donde los consejos del tío Ro y las oraciones de la abuela nos devolvían parte de la confianza en el género humano. Las viviendas estaban comunicadas interiormente por una escalera de caracol, más de una vez bajé de visitar al buen Ro y encontré llorando a mamá, sin atreverse a llamarme para que la ayudara a limpiar las deyecciones y a mover a mi padre de lugar. Yo ignoraba que, así como él no podía dejar la botella por una compulsión viciosa, mi madre tampoco podía dejarlo a él por las mismas razones.

Actualmente se sabe que nueve de cada diez hombres abandonan a su esposa alcohólica mientras que nueve de cada diez mujeres se quedan junto a su esposo alcohólico. Esto no es por fidelidad.[1] El alcoholismo en el hombre es un mal que **se contagia** a la mujer en otras formas de vicio (cuando ella no se vuelve alcohólica también), se vuelve nerviosa, excitable, apagada y terriblemente dependiente de esa relación tornadiza entre temerosa y maternal. Eso le pasó a mi madre.

Muchos años después, comprendo que los seres humanos tenemos OCHO diferentes zonas de atención, y que así como mi padre estaba *atrapado* por un vicio en la ZONA CORPORAL y mi madre estaba *atrapada* por una obsesión psicológica en la ZONA EMOCIONAL, yo estaba también *atrapado* en la ZONA APROBATORIA. Necesitaba imperiosamente ser aprobado, querido, amado. Los individuos que se sienten más apreciados son quienes rinden más, quienes tienen mayor energía para vivir. Uno de los cánceres de la sociedad es la idea generalizada de que *no se requiere* demostrar a otros nuestro aprecio. Ignoramos que la aprobación da ***energía de autoestima*** y que una persona sin energía no es capaz de hacer nada bueno. El que tiene autoestima tiene dignidad, carácter, puede enfrentar cualquier reto y se mantiene firme ante la adversidad.

Yo no tenía nada de eso.

Envuelto en la escaramuza de una familia estéril, dejé de entrenar futbol y renuncié a mis anhelos. Tuve una crisis emocional muy fuerte, deseaba buscar la aceptación perdida. No me gustaba sacar la cabeza para ser apedreado. Me volví servicial y condescendiente con los compañeros que me habían atacado, dejé el equipo y me uní a la pandilla. Comencé a vestirme y a peinar a la más extravagante moda. Hoy sé que ese cambio de actitud fue uno de los más graves errores de mi vida.

La fraternidad que hallé en los ex futbolistas fue reconfortante. La percibí por primera vez cuando los acompañé a un concierto de "rock".

[1.-] Doctor Spickard y Barbara R. Thompson, *"Se mueren por un trago"*. (*Dying for a drink*). Editorial, Vida, p. 60.

Debo confesar que aún antes de entrar al auditorio me sentía nervioso, como si estuviese a punto de cruzar una frontera hacia un país inexplorado. En cierto modo así fue.

El lugar estaba atestado de jóvenes que parecían haberse puesto de acuerdo para disfrazarse de estantiguas. El vestuario predominante era de color negro, chamarras, guantes y amuletos. Los asistentes ostentaban postizos llamativos, molleras con cortes de pelo perimétricos, rapados de medio cráneo, pelos izados como palmeras tropicales, pintados con tintes psicodélicos, maquillajes fosforescentes, labios jaspeados de morado, aretes en orejas de hombres y botas masculinas en pies de mujeres. El humo denso producido por más de mil cigarrillos encendidos daba al lugar un aspecto nebuloso y tétrico.

Repentinamente hubo una explosión, fuego en el escenario, ruido estridente y el concierto comenzó. En un alarido colectivo, todos los presentes se pusieron de pie sobre los asientos del teatro y comenzaron a gritar y a aplaudir. La música de las guitarras eléctricas y baterías amplificada de forma horrísona inundó el lugar. El volumen era tan alto que las vibraciones hacían temblar las paredes. Los espectadores danzaban y gritaban sobre las sillas. Mis compañeros lo hacían también. Por un rato, sólo me dediqué a mirar alrededor con ojos muy abiertos, pero conforme la efervescencia fue subiendo de vigor y los asistentes brincaban, ya no sobre el asiento de las butacas, sino sobre las coderas, comencé a participar. Era tal cantidad de gente encaramada, meciéndose y gritando, que la tendencia natural nos llevaba a subir lo más alto posible, tanto para alcanzar a ver el escenario, cuanto para no quedarnos fuera de la algarabía.

Vi cómo varios circunstantes se encumbraban sobre los respaldos haciendo difíciles contorsiones para sostener el equilibrio, antes de que la butaca se venciera partiéndose en dos, provocando la caída a medias del mozalbete; digo a medias, porque éramos tantos y estábamos tan apretados, que era fácil pescar en el aire a los que perdían el equilibrio y ayudarlos a reincorporarse. Pude ver incluso cómo, de mano en mano, sobre las cabezas, era transportada una muchacha hasta el escenario, cómo besaba al vocalista y cómo se lanzaba de regreso en un clavado sui géneris a las manos del público que gustoso la devolvía, a la misma usanza, hasta su lugar.

En algunos instantes, las luces del teatro se apagaban por completo y los cantos exactos de la multitud llenaban el espacio negro. La peculiar atmósfera que había sido para mí motivo de extrañeza y temor se fue convirtiendo poco a poco en un territorio grato, hallé ritmo en las estridencias y la ola de calor humano me envolvió paulatinamente en su ambiente de libertad. Era interesante observar que todos bailaban, cantaban y se sacudían en forma extraña, pero nadie estaba pendiente de lo que hacía el de al lado, nadie agredía ni faltaba el respeto al vecino. Si querías, podías cerrar los ojos, mecerte como orate, tirarte al suelo, hacer gimnasia o desvestirte... A nadie le importaba tu forma de disfrutar. Era como si el más rebelde niño de cada persona hubiese cobrado vida para desahogar sus energías, rompiendo todas las reglas. La desenvoltura general me contagió; bailé y canté con ellos y me sentí alegre por primera vez en muchos años.

Después de ese evento, los miembros de la pandilla me aceptaron mejor y yo los aprecié más. Comencé a participar activamente en sus reuniones y a asistir a todos los conciertos a los que iban.

Me di cuenta de que al cambiar de amistades cambia la forma de ver la vida. Si antes tenías pensado que destacar era lo más importante, estando con ese tipo de camaradas ya no te parecía tanto. Si antaño consideraste la francachela costumbre de irresponsables, ahora lo disfrutabas. **Los nuevos hábitos son fáciles de adquirir si se camina hacia abajo.**

Al principio, me sentía feliz con ellos, pero *al principio* sólo había percibido lo superficial. El placer de alocarse una y otra noche va necesariamente ligado a un irresponsable deseo de vivir siempre así, sin reglas, en falsa paz, haciendo cuanto viene en gana. El ambiente relajado y liberal de las reuniones se prolongaba a todos los ámbitos.

Cada fin de semana organizábamos fiestas a las que invitábamos a amigas de la escuela. La abundancia de alcohol invariablemente nos llevaba al sexo con nuestras compañeras. No fue sino hasta el cuarto mes cuando me di cuenta de que, en todos los conciertos y en algunas fiestas, circulaba marihuana y otros tipos de drogas. La libertad pacífica que percibí en el primer evento se fue terminando poco a poco. Mi pandilla exigía pagar el precio de pertenecer a ella. Probé la "hierba" y participé en los actos de vandalismo más desvergonzados.

Fue un proceso de corrupción gradual y casi imperceptible. Hurtábamos botellas de vino, robábamos coches, asaltábamos gente. Hicimos, en una vieja bodega llena de ratas y ciempiés, el escondite donde guardábamos los objetos delatores. Visitábamos bares de bailarinas nudistas y en una ocasión, excitados por el reciente espectáculo que habíamos visto, fui testigo de cómo nuestro líder abusó de una jovencita, mientras los demás lo protegíamos.

Dejé de visitar a Ro y a la abuela, pues los consideraba demasiado nobles para inmiscuirlos aún más en el deterioro de la familia vecina.

Cierto día me encontré con una sorpresa enorme: mi amigo Joel se acercó deseoso de pertenecer también al clan. Al verlo allí no lo pude creer. Sentí tristeza por él. En el equipo de futbol yo creía que Joel llegaría muy lejos; uniéndose a nosotros estaba perdiendo la opción de triunfar. Pero lo comprendía. A nadie le gusta estar solo y mucho menos ser el blanco de todas las críticas incisivas. Yo me libré de los ataques mordaces uniéndome a los envidiosos. A todas luces Joel estaba intentando hacer lo mismo.

Se le explicó que, como era natural, para adquirir la credencial imaginaria se tenía que pasar cierta prueba.

—¿Una novatada? —preguntó fastidiado.

—No exactamente. En realidad se trata de dirigir un acto en el que demuestres tu valor.

Joel se notaba preocupado, pero no preguntó nada y se puso de pie para ir al frente cuando todos salimos a la calle.

En diversas ocasiones, empuñando la bandera de "estudiantes" habíamos secuestrado autobuses para usarlos como transporte privado y asaltar pequeñas tiendas de autoservicio. Nos resultó simple pensar que siempre saldríamos invictos e ilesos. Esa noche no fue así.

En tropel, como era nuestra costumbre, los doce compañeros

del grupo detuvimos un camión, nos subimos a él gritando a grandes voces, haciendo revuelo, intimidando a los pasajeros con fuertes palmadas y diciéndoles, en forma soez, que si no se bajaban de inmediato lo lamentarían. La gente asustada se puso de pie abrazando sus pertenencias y protegiendo a los niños para descender apresuradamente por la puerta trasera. El chofer, resignado, preguntó adónde íbamos y nosotros le indicamos que a la zona comercial. Nos llevó de inmediato y antes de abandonar el vehículo lo privamos de todo el dinero que había ganado en pasajes ese día. Normalmente, los cocheros despojados preferían simplemente esfumarse en preservación de su seguridad, pues era bien sabido lo difícil que resultaba echarle el guante a las pandillas de estudiantes y lo fácil que era verlos regresar por el mismo camino a golpear a quien quisiese llamar la atención, pero en esta ocasión el chofer no salió huyendo como le correspondía en el libreto. Ocultó el autobús en el recodo de la calle y se bajó para organizar una emboscada. Mientras nosotros entrábamos a la tienda elegida, él detenía una patrulla y ésta pedía refuerzos.

Nuestros movimientos solían ser tan veloces que nunca habían logrado aprehender a uno solo de nosotros. Tardábamos un promedio de cincuenta segundos en cerrar la puerta del local, amagar al cajero, amenazar a los clientes, tirar anaqueles para crear confusión, extraer el efectivo y salir corriendo en diferentes direcciones.

Esta vez no hubo lugar a ello.

—¡Viene la policía! —nos advirtió el vigía, cuando apenas habíamos comenzado la maniobra.

—¡Maldición! —masculló nuestro líder—, ¡Joel, toma el dinero de la caja y vámonos!

El novato estaba temblando de miedo. Se acercó al cajero y éste, al verlo titubear, le dio un golpe en el vientre que lo dobló. Todo ocurrió muy rápido. Cuando estaba a punto de iniciarse la pelea colectiva, nuestro líder empuñó una pistola que había traído oculta y dio un par de disparos hacia el techo.

Sudando se acercó al encargado y le puso el arma en la sien.

—¿Te crees muy listo, infeliz?

Un sobrecogimiento general producido por el temor de que

apretara el gatillo y matara al hombre hizo el silencio estático entre clientes y estudiantes. Llegó la primera patrulla ululando su sirena. El líder tomó el dinero que había a la vista y saltó como venado a la salida. Los que pudieron seguirlo, lo hicieron, yo me adelanté ágilmente seguro de estar en condiciones de salvar mi pellejo, pero un impulso absurdo e impensado me hizo detenerme y regresar para ayudar a Joel. No era justo que a él, quien sólo estaba incursionando en esos terrenos por curioso, lo detuvieran y le inculparan actos que no había cometido. Lo levanté y lo jalé para que corriera conmigo. Fue demasiado tarde. Afuera, la policía había logrado detener a varios compañeros. Los tenían encañonados y en proceso de obligarlos a tirarse al piso. Busqué alguna otra opción de escape. Caminé por el lugar como una fiera salvaje recién capturada, pero apenas había pensado en romper una ventana trasera, entró un guardia con arma en mano y nos detuvo.

No opusimos resistencia.

Fuimos llevados al Ministerio Público y encerrados en pestilentes separos. No sé cómo les fue a mis amigos, pero en lo que a mí se refiere, a la media hora, entraron dos policías judiciales a interrogarme.

—Sólo somos estudiantes —insistí al ver que trataban de relacionarnos con otros delitos de la ciudad.

—¿No te da vergüenza, animal? —me preguntó uno de ellos al momento en que me daba una fuerte bofetada—. ¿Ser un delincuente e insistir en mostrar tu credencial? Ustedes no son estudiantes. Son basura humana. Ni siquiera tienen el valor de enfrentar la responsabilidad de sus actos y se esconden en el slogan de alumnos —me volvió a cachetear—. Manchan el nombre y la imagen de los verdaderos estudiantes. Si por mí fuera, los refundía en la cárcel para toda la vida y les metía su credencial por el...

—Escaparon cuatro —interrumpió el otro más sereno—, llevándose el dinero de la tienda. Si vas con ellos a la escuela, los conoces bien. ¿Dónde están?

Negué con la cabeza.

—¿Acaso no se sientan a tu lado en la primera fila de la clase de ética?

Ambos se rieron y, al verme indispuesto a hablar, me dieron

sendos golpes en el cuerpo que estuvieron a punto de hacerme desfallecer...

—Y no te parto la cara a puñetazos porque los padres de cretinos perdedores, cerdos, vagos, como ustedes, suelen levantar actas en contra de la policía cuando les maltratamos a sus chulos maricones —revisó el expediente que traía en la mano—. Pero lo haré algún día. Dentro de una semana cumplirás dieciocho años. Estarás aquí de nuevo y te prometo que cuando salgas no te reconocerá nadie.

Cuando los policías se fueron, sentí un gran coraje, no contra ellos sino contra mí. Era cierto cuanto me habían dicho y por primera vez discerní que unirme a los canallas que desertaron del equipo de futbol fue el acto más cobarde de mi corta existencia.

Vislumbré que para lograr algo, cualquier cosa que valga la pena, es necesario cruzar por un pasillo de burlas y difamaciones, entendí que si hubiese resistido el embate de los mediocres, tal vez no tendría más que uno o dos amigos, pero mi espíritu estaría surcando cielos muy distintos... Me maldije, maldije mi falta de carácter, mi pusilanimidad, mi estúpido deseo de ser aceptado por quienes era preferible ser odiado...

Las autoridades me instaron a realizar una llamada telefónica, pero yo no quise hacerla pues me sentía indigno de causar más problemas en mi casa. Si precisaba purgar una condena de varias semanas lo haría.

¡Imbécil, necio, zopenco!, me repetía una y otra vez mientras me daba de topes en la pared.

4

ASOCIADOS

Joel sí telefoneó a su padre desde la delegación de policía. El hombre se presentó en la jefatura casi de inmediato e hizo los engorrosos trámites para obtener la libertad de su hijo. Cuando esto ocurrió, mi amigo tuvo conmigo un gesto que le agradecí toda la vida. Tal vez recordando que yo estaba allí por haberme regresado a ayudarlo o quizá por respeto a las buenas épocas en las que fuimos socios en el proyecto de hacer un gran equipo de futbol, le pidió a su padre que pagara mi multa también.

Subimos al coche del hombre que con gesto recio e impasible tomó el camino de vuelta a la colonia.

—¿En dónde te dejo? —preguntó fríamente.

Contesté con voz trémula. Al verme apocado cuestionó:

—Me dijeron que los desmanes fueron provocados por una pandilla de jóvenes. ¿Tú perteneces a ella?

Quise decir que no, que *ya no*, pero hubiese sonado a blandenguería.

—Sí... —murmuré.

—¿Y tú? —le preguntó a su hijo.

—No.

—¿Entonces por qué te detuvieron?

Joel me echó una mirada furtiva y contestó con timidez:

—Quería pertenecer... Son infames; si te mantienes al margen, te acaban.

—¿Cómo dices?

—Se meten contigo, te ponen apodos, te difaman, te hacen quedar mal ante otros, se burlan de tus defectos físicos y cuando sobresales se te echan encima.

—¿Cuántos son en el grupito?

—A veces cinco, a veces veinte, pero eso no es lo importante. Todos los compañeros en el colegio, hombres y mujeres, apoyan esa conducta, siguen el mismo juego, el ambiente es pesado en general —se detuvo como un niño regañado y culminó—. Quiero cambiarme de escuela.

El padre apretó el volante con fuerza y respiró hondo cual si estuviese tratando de controlar una gran ira.

—La escuela no es el problema —le dijo al fin—. En todos lados vas a encontrar gente así. Si te cambias de colegio o de ciudad será lo mismo y cuando entres a trabajar a una empresa también. Los mediocres abundan; son la mayoría y a ellos no les gusta que nadie sobresalga. Si haces algo te criticarán, tratarán de resaltar los defectos de tu trabajo pero difícilmente reconocerán tus aciertos. Joel, define tus objetivos, lucha por ellos y, si hablan mal de ti, no te inmutes.

—Pero si hablan mal de mí y no contesto, es tanto como mostrarme conforme con lo que dicen —rebatió el muchacho.

—Al contrario. *Explicación no pedida es culpabilidad asumida.* Quien no se defiende es porque sabe que son mentiras. Sólo se echa la soga al cuello el que se enoja y arremete contra las lenguas de víboras. Todos piensan "si le dolió tanto es porque era cierto". Asimílalo. ¿Quieres triunfar? No es posible desligar el triunfo de los ataques. Vienen en el mismo paquete, pero el triunfo verdadero es producto de **mucho trabajo con oídos sordos a la crítica insana.** Recuerda que de todo funcionario se habla mal, recuerda que de todo artista se murmuran historias falsas, recuerda que de todo gran hombre se dice que es incompetente o que ha tenido suerte. Miles de personas que perseguían el anhelo de una carrera artística se desmoronaron ante el primer "periodicazo", millones de triunfadores en potencia decidieron encogerse de hombros para vivir insignificantemente cuando se hallaron frente al veneno de los críticos resentidos. Pero el veneno no mata si no te lo tomas. Que las injurias te entren por un oído y te salgan por el otro. Si te igualas con los sapos, dejarás de ocuparte en tu crecimiento y estarás acabado revolcándote con ellos en el lodo. **Nunca seas sumiso, pero ve pacíficamente contra co-**

rriente, luchando por tus anhelos y aguantando las mofas de los frustrados. Es parte del precio que hay que pagar para ser alguien.

Desde el asiento de atrás, recordé mi anhelo de ser un gran deportista y no pude evitar que la rabia me hiciera crispar los puños.

—Tampoco se puede vivir aislado del mundo —comentó el joven.

—Los perdedores se asocian y son tantos, que parecen todos, pero los ganadores también existen e igual tienden a asociarse... Búscalos —el padre de Joel volteó para verlo y cayó en la cuenta de que su hijo traía un arete y un colgajo que él no le conocía—. ¿Qué es eso? —le preguntó—. ¿Lo ves? Ahí está la muestra de lo que trato de decirte. Los perdedores se A-SO-CIAN. Caramba, cómo quisiera sacudir tu cabeza para que entendieras esto. Miles de jóvenes gastan gran cantidad de tiempo y dinero en buscar aceptación: ropa, peinados, cirugías estéticas, ostentación de dinero en coches, aparatos de sonido o vestidos, no son más que muestras de un deseo de ser admirados y aceptados por los demás. Déjate de estupideces de una buena vez. **Tú eres valioso así como eres**, alto, gordo, moreno, chato, eres único, no existe otro ser humano que tenga tu diseño y tu misión.

—¿Entonces debo resignarme sin un cuerpo saludable, sin dinero, sin...?

—No —lo interrumpió furioso—, haz ejercicio y cuídate, pero deja de rechazar tu físico, tu entorno, tu familia, tu pasado, tu capacidad. ¿Crees a veces que no tienes el dinero que quisieras? ¡Te compro una mano en cien millones! ¿Me la vendes? Deja de perder el tiempo buscando aceptación y ponte a sembrar. *Mañana* sólo vas a cosechar aquello por lo que te partiste el alma *hoy*... Nada es gratis en la vida, Joel, estudia, prepárate, planea tu vida y si te molestan ríete de ellos. **Tienes derecho a no caerle bien a todos,** entiéndelo como un derecho. Aprende esta frase de memoria: *Nunca te amará nadie si no eres capaz de correr el riesgo de que algunos te aborrezcan.*

El hombre se detuvo. Desde mi punto de observación se veía sudando con gesto de desesperación, como si estuviese explicando su última voluntad.

Sin quererlo ni planearlo, el regaño también me estaba concerniendo a mí. Después, Joel me confesó que las explicaciones y reprimendas de su padre normalmente eran mucho menos extensas. Esa noche habló así, quizá motivado por la idea de saber que no estaba *sólo* corrigiendo a su hijo.

Tienes derecho a no caerle bien a todos.

Nunca te amará nadie si no eres capaz de correr el riesgo de que algunos te aborrezcan...

—"Si los perros ladran —continuó el señor—, es muestra de que vamos caminando..." (*Sancho*). Persigue tus anhelos. Escucha las críticas pero no dejes que te lastimen. Jamás se ha erigido una estatua a un crítico. Las estatuas, la trascendencia real, pertenecen únicamente a los criticados. Nadie triunfa por su buena suerte. Los envidiosos molestan, hacen ruido y parecen destacar, pero su amargura tarde o temprano los hace pudrirse. Al final, cada persona está exactamente donde debe de estar. Todos somos la suma de nuestros actos.

—Me estás diciendo —insistió Joel—, ¿que para ganar hay que ir *en oposición del mundo entero*?

—No lleves las cosas a los extremos. Estoy diciendo que, **para triunfar, hay que remar contra la corriente de los mediocres que te quieren ver hundido...**

—¿Pero no es ilógico que, a cambio de ser unas fieras que no obedecen a los compañeros, tengamos que ser unos corderillos obedeciendo a los papás?

—¡Vaya que te disfrazas de ingenuo y eres socarrón! ¿Aprendiste a cerrarte como tus amigos? ¡Maldita sea! ¡No es tan difícil de entender! Debes tener un código de vida, **identificar a los que te quieren ver triunfar** y unirte a ellos. Sé que los jóvenes de hoy se jactan de su libertad y de no obedecer a nadie, pero **todos obedecemos a alguien, TODOS. El que no obedece las normas de la sociedad o de la familia, obedece las normas de sus amigos, de sus vicios, de sus necesidades creadas y dañinas...** Todos obedecemos algo —hizo una pequeña pausa para bajar el volumen y continuar con aire de complicidad—: Tú sabes que soy un alcohólico recuperado, comencé tomando porque no sabía decir **no** a las presiones de los impertinentes, les obedecía a ellos y, cuando me di cuenta, mi libertad se había convertido en prisión... Comprende esto: No estoy en contra de sustancias que siempre existirán como la droga, el alcohol o el tabaco; estoy en contra de los fracasados que las usan y se obstinan en que las usen otros. **Todo aquel que insiste una y otra vez para que hagas algo que te daña, lo hace consciente o inconscientemente para no sentirse solo en su contaminación.** Los perdedores se asocian —insistió—, desasóciate de ellos y ponte a trabajar y a estudiar, como lo hacías antes... **Tú eres lo que tienes entre las dos orejas. Tus ideas te hacen libre o esclavo. Tu forma de pensar te quita o te da energía.** Cultiva el cerebro. Por tu propio bien.

Joel se quedó callado. Yo estaba inmóvil.

El hombre llegó al rumbo que le había indicado para bajarme y se detuvo.

—Gracias... —murmuré.

Entonces me di cuenta de que él también me había reprendido a mí, aun sin conocerme, porque apenas abrí la portezuela, mirándome a la cara, me dio un consejo directo y personal:

—**Una de las reglas para rehabilitarse de cualquier mala racha es restaurar el dolor causado. Si robaste algo, devuélvelo, si provocaste pena, pide perdón; revisa tu pasado y restituye los daños. Sólo así podrás hacer "borrón y cuenta nueva" en tu vida.**

—Gracias —repetí y salí del auto hecho un mar de confusión.

Lisbeth me observaba con mucho interés.

Afuera caía una lluvia cerrada. La avioneta en la que íbamos se movía con brusquedad.

—Hay un concepto que me llama la atención —comentó dubitativa—, el padre de Joel te dijo que tanto los perdedores como los ganadores se asocian. ¿Te das cuenta de que esta hermandad se da gracias a la aceptación que se manifiesta entre la gente? Tú abandonaste afectivamente al entrenador de futbol y a tu familia porque ninguno de ellos te demostró aprecio cuando lo necesitabas y en cambio te uniste a la pandilla que sí te aceptó...

—Tienes razón —confirmé—, las personas que nos brindan aceptación se convierten en ASOCIADOS y todos terminamos **pareciéndonos** a nuestros ASOCIADOS. Nos parecemos en todo. En la forma de hablar, de vestir, de caminar, en las metas y hábitos. Un jefe de familia puede increpar a su hijo con enojo diciéndole: *"No entiendo por qué vistes así, hablas de esa forma y bebes licor, yo nunca te he dado ese ejemplo"*. El pobre adulto iluso cree que su hijo tiene que parecerse a él sólo porque es su padre, pero **el muchacho** *realmente* **se parece a sus ASOCIA-DOS:** las personas que le dan aceptación y cariño.

—De modo que para que un joven se parezca a sus familiares tiene que sentirse amado por ellos.

—Definitivamente. El amor recibido es lo que comienza a llenar el tanque de combustible de todas las personas.

—¿La **ENERGÍA DE AUTOESTIMA**?

—Memorizas todo, ¿verdad?

Sonrió.

—¿El tanque de combustible tiende a vaciarse?

—Con los fracasos, la energía disminuye un poco, con los éxitos aumenta. Todo **depende del resultado que obtengamos en cada ZONA DE ATENCIÓN.**

—Después me explicas lo de las "zonas de atención". Por lo pronto déjame acabar de comprender —hizo una pausa para meditar y sonriendo me preguntó con un trabalenguas—: El ganador adquiere, al ganar, mayor energía y el perdedor pierde, al perder, la poca energía que tenía. ¿Pero cómo recupera un perdedor la energía perdida para comenzar a ganar como el ganador?

Me reí de su juego de palabras y contesté a la misma usanza:

—Escuchando nuevas ideas positivas y comprometiéndose con la positividad de las nuevas ideas escuchadas.

Soltó una risa dulce y divertida.

—¿Pero no es insano que la energía del hombre aumente sólo por *aceptación y actuación*?

—En principio aumenta así, pero al ir ganando más y más combustible se adquieren **RESERVAS.**

Me miraba con sus ojos redondos denotando al mismo tiempo una gran avidez por escuchar y una gran ternura.

—¿Mientras **mejor actúo y más me aceptan,** más *reservas de energía* tengo en mi tanque?

—Sí, las **RESERVAS** se convierten en convicciones propias **inalienables e indiscutibles, en una filosofía de vida, una seguridad de valer, orgullo por el hecho de estar vivo, de ser un hijo de Dios, de ser amado por Él. Las RESERVAS brindan dignidad y autorrespeto. En una persona madura son inalterables aun cuando ya no goce de la misma** *actuación y aceptación* **que antes.**

—Muy interesante —comentó—, pero, por favor, no te desvíes tanto de la historia; platícame qué pasó después.

Me sentí halagado al percibir su creciente interés. Retomé el hilo del relato.

Bajé del coche de Joel y deambulé por las calles oscuras. La colonia estaba prácticamente desierta. Repentinamente, me di cuenta de que me encontraba cerca de la vieja bodega que la pandilla usaba para esconder droga y objetos robados. Miré la construcción abandonada envuelto por el deseo de vengarme, la frustración y la culpa; tres emociones negativas que no supe dominar. Me acerqué al lugar y después de comprobar que no había nadie, me escabullí por la entrada secreta y encontré, donde siempre guardaban lo hurtado, los billetes de atracos recientes. Tenía deseos de retar a la gavilla y a la vez restituir parte del daño devolviendo el dinero que ayudé a robar… Estando ahí, recordé las burlas y los escarnios de que fui víctima, la nostalgia de haber abandonado mis anhelos, movido por la terrible censura de ese hato; todo eso, tal vez combinado con mi frustración de hijo descuidado, mi enfado con la familia y mi decepción al descubrir lo que en realidad había detrás de los conciertos de "rock", me hizo perder la cabeza y volqué en aquel lugar toda mi ira contenida.

No fueron movimientos lúcidos ni coherentes.

Una indignación cegadora me llevó a arrojar al suelo la mesa que usábamos para nuestras juntas. La pateé y, como poseído por una legión de demonios, comencé a romper todo lo que había a mi alrededor.

Al cabo de un rato no quedó objeto en su lugar. Todo lo que fue factible destruir fue destruido, pero mi ofuscación era tanta, que no me conformé con aquello.

Busqué el encendedor que usábamos para convidarnos los cigarrillos de *cannabis*, junté la droga en el centro del tétrico salón y le prendí fuego.

Un humo denso y pestilente comenzó a inundar el lugar.

Antes de salir escribí algunas obscenidades sobre el pizarrón y, para que no se dieran cuenta de quién había sido, tomé un martillo que había en la bodega, salí por el pasadizo secreto y golpeé el viejo y oxidado candado de la puerta principal. De esa forma, la pandilla creería que otra banda había forzado el portón hallándose con un paraíso de curiosidades.

¡Cómo es la naturaleza humana! La misma cabeza que había estado reflexionando, minutos antes, no pudo dilucidar que hacer esos destrozos y llenarme los bolsillos con el material delator sería el hecho que me colocaría una soga al cuello y me condenaría casi a muerte.

Me cercioré de llevar el dinero en los bolsillos y salí corriendo de ahí, preocupado porque el olor del humo estaba saliendo de la construcción y no faltaría algún curioso que diera la voz de alarma sobre un posible incendio. Sonreí triunfal. Si eso ocurría, mis amigos nunca sabrían quién había hecho los estragos.

A lo lejos dejé de correr, comencé a silbar, ignorante de lo que el destino me deparaba.

Iba a dar la una de la mañana y pensé, como era lógico, que todos estarían dormidos en mi casa, pero me equivoqué. Apenas subía por las escaleras del primer piso cuando pude escuchar una gran algarabía en el departamento. Me detuve extrañado y traté de corroborar si efectivamente las carcajadas, aplausos y silbidos provenían de nuestra vivienda. No había duda. Saqué la llave con mano temblorosa y, al hacerlo, varios billetes cayeron al suelo. Los recogí de inmediato apretándolos con el puño y volviéndolos a retacar en la bolsa de mi pantalón. Di la vuelta a la cerradura muy despacio, sudando, temeroso de lo que pudiera encontrarme cuando abriera.

Mis movimientos fueron tan cautelosos que los festejadores no me vieron entrar. El cuadro con el que me topé fue impactante: Mi padre con tres amigos habían organizado una verdadera bacanal. Estaban tan ebrios que no se daban cuenta del ridículo que hacían. Camisas y corbatas de los cuatro habían volado en desorden por la sala. Un tipo obeso, sin pantalones, cubriendo su bajo vientre únicamente con unos calzoncillos sucios, bailaba al frente imitando la danza voluptuosa de una cabaretera. Papá y dos sujetos más aplaudían al mimo y le silbaban.

Me quedé helado en la entrada. ¿Y mi madre?, ¿y mi hermana? ¿Se estaba celebrando ese saturnal en la casa donde ellas dormían? ¿Habrían huido al departamento de arriba?, ¿o estarían asustadas, cada una en su recámara sin poder conciliar el sueño? Me encontraba boquiabierto haciéndome esas preguntas cuando papá me descubrió. Se levantó bamboleándose, me saludó a grandes voces y se pescó de mi manga para jalarme a la reunión.

5

ZONAS DE ATENCIÓN

Hice una larga pausa en mi relato.

—¿En qué piensas? —preguntó Lisbeth al verme repentinamente callado.

—Mi problema familiar era complejo. Pero lo hubiera sido menos si hubiese sabido el concepto de las *"zonas de atención"*. En aquel entonces estaba envuelto en un torbellino.

—De acuerdo —se resignó—, esa idea de las "zonas" te está distrayendo desde hace rato. ¿En qué consiste?

—¿Te interesa que hablemos de eso?

—Sí. Siempre que después me termines de contar el pasado tal y como fue.

—Prometido —acepté—. Todos los seres humanos poseemos OCHO ÁREAS que consciente o inconscientemente cuidamos durante las veinticuatro horas del día, todos los días de nuestra vida. Nosotros somos el resultado de **multiplicar las zonas de atención ELEGIDAS por el TIEMPO invertido en ellas.** En realidad, no es factible ver la superación personal de ningún ser humano separada de este concepto. Es importante porque nos proporciona un panorama muy claro del lugar en el que estamos y de la forma en que atrapados en determinada zona, descuidamos otras.

Cerré los ojos y recordé los recuadros que escribí una noche, después de terminar mi carrera profesional. Fueron muchos años de pensar en ellos, hasta que, con el tiempo, tomaron forma y se concretaron. Los pormenoricé detenidamente cual si le estuviese describiendo a mi esposa el plano de un tesoro perdido.

ZONAS DE ATENCIÓN BASICAS

PRIMERA. ZONA CORPORAL

En ella se encuentra el mecanismo de supervivencia, que debe ser atendido diariamente. Lo hacemos al comer, beber, evacuar, respirar, dormir, realizar ejercicio, ejercer nuestra sexualidad, asearnos. El mecanismo puede "descomponerse" dejando a la persona atrapada, en el caso de enfermedades, vicios o malos hábitos como gula, pereza, alcoholismo, drogadicción, etcétera. Cualquier problema físico nos *obliga* a dedicarle a esta zona de atención mucho más tiempo, descuidando y descomponiendo mecanismos de otras zonas.

SEGUNDA. ZONA EMOCIONAL

Se está aquí al experimentar emociones fuertes como *júbilo, ira, temor, depresión o apasionamiento*, también nos hallamos en este terreno al hacer una pausa para equilibrar nuestros nervios, meditando o descansando. Quedamos atrapados al tener alteraciones psicológicas o emociones incontrolables como rencores, envidias, deseos de venganza, celos, aprensiones, culpas, tristezas, enojos, euforia, pasión o temores.

TERCERA. ZONA APROBATORIA

Al estar en ella, realizamos actividades que nos llevan a ser aceptados, admirados y queridos por los demás. Verbigracia: un adolescente perderá largas horas tratando de hacer realidad un romance y dejará el estudio en segundo término. Y no porque esté amando a alguien sino porque necesita sentirse amado. En principio, el ser humano no sabe amar. Eso se aprende. Es una gran mentira el decir: *nadie puede ser amado si no da amor*, en realidad, *nadie puede dar amor sin antes haberlo recibido*.

La falta de aprobación de un despótico lo hace amenazar constantemente a los demás e infundirles temor para pertenecer al grupo por la fuerza.

CUATRO. ZONA PREVENTIVA

Se atiende al procurar la obtención de bienes, buscar el sustento, seguridad y estabilidad futura, también al defender el patrimonio y cuidarse del abuso de otros. El mecanismo se descompone al perder la perspectiva y ver todo con ojos materialistas, cuando se cae en avaricia, exceso de trabajo, exceso de ahorro, riñas por dinero o robo.

—Además, existen OTRAS CUATRO zonas denominadas *superiores* —expliqué entusiasmado—, que son las más importantes, pues constituyen las metas sublimes a las que todo ser humano debe aspirar. Cuando atendemos ZONAS SUPERIORES se nos olvida el reloj, el dinero o los aplausos y hacemos oídos sordos a exigencias físicas leves.

Lisbeth me escuchaba atenta. Tomé una pluma y una tarjeta de presentación de mi cartera y bosquejé un esquema para explicarle mejor:

Describí el segundo grupo de zonas con mucho cuidado, señalando cada escalón con la pluma:

ZONAS DE ATENCIÓN SUPERIORES

QUINTA. ZONA DE APRENDIZAJE

Aquí, se comprende que la primera razón de vivir es CRECER y que a fin de cuentas estamos en el mundo por las mismas causas por las que un estudiante va a la Universidad. Atendemos esta zona al leer, escuchar, observar, tomar nota, estudiar, experimentar, investigar y ensayar siempre con la finalidad de ser mejores.

SEXTA. ZONA DE CREACIÓN

El ser humano está hecho a imagen y semejanza del Creador precisamente porque tiene capacidad de crear. Quien renuncia a esa capacidad no será nunca un ser humano completo. Cuando una labor se vuelve apasionante es porque se está *CREANDO* algo nuevo, como al escribir, pintar, componer, armar modelos, tejer, decorar, construir, diseñar aparatos, innovar sistemas, emprender proyectos; cualquier actividad, en sí, que estimule la inventiva.

SÉPTIMA. ZONA DE SERVICIO

El amor se experimenta aquí. Incursionamos en esta área cuando, "para ser el primero, se es el último y el servidor de todos" *voluntariamente*, cuando se piensa en las necesidades de otros, se ayuda, se tiende la mano, se escucha al solitario, consuela al afligido, brinda apoyo a quien viene atrás, cuando se enseña a otros lo que sabemos, se les impulsa a crecer, mostrándoles el camino, se cuida a los hijos, se atiende a la familia y se procura la felicidad de nuestra pareja.

OCTAVA. ZONA DE MISIÓN

Este nivel máximo de vida implica la comprensión de estar vivos *por algo*, de tener una misión que cumplir precisamente en el lugar y en el tiempo donde hemos sido puestos con

> nuestros dones y carencias, específicos... El sentido de misión está implícitamente ligado a la relación personal con Dios, a la seguridad de que Él espera algo de nosotros, a la convicción de una vida espiritual después de la terrenal, en la que a quien más se le ha dado más se le va a exigir... Una persona en esta zona se convierte en ser humano trascendente, cuya vida tiene un sentido superior de ser.

Mi esposa interesada asentía tratando de asimilar toda la información.

—Tenías razón. Es un tema apasionante —comentó—, pero dime una cosa. ¿Puedo atender al mismo tiempo varias zonas?

—No. Puedes ir de una a otra rápidamente mas sólo puedes estar en una.

—Entonces, por ejemplo, si me encuentro realizando un trabajo para ganar dinero (zona preventiva), pero lo hago con creatividad (zona creativa), ¿no estoy a la vez en dos zonas?

—No. Iniciaste en una y terminaste en otra. Al principio pensabas en la recompensa, pero en cuanto comienzas a *crear*, a proyectarte, se te olvida el dinero y lo harías *aun gratis* pues *subiste* a la "zona de creación" y tu labor vale no por lo que te pagarán cuando termines sino por lo que pusiste de ti en ella.

—Lo que se hace con creatividad no tiene precio... Me fascina este punto —confesó Lisbeth—, me da un buen argumento para seguir pintando cuadros. Aunque no me paguen y digan que estoy perdiendo mi tiempo.

—Por supuesto; sin embargo, revisa el esquema. **Para llegar a CREAR hay que pasar primero por el peldaño de APRENDER.** De hecho estas dos zonas están muy relacionadas. Un compositor puede disfrutar plenamente sus momentos de creación, pero sólo llegará a ellos si ha practicado la ejecución de su instrumento durante varios años... **La calidad de una obra creativa está íntimamente ligada a las horas de trabajo invertidas por su autor en el aprendizaje de esa rama.** Así casi todos seríamos capaces de realizar obras similares a las de Da Vinci, Miguel Ángel o Einstein, *si estuviésemos dispuestos a pagar el*

precio de constancia en el binomio creación-aprendizaje que
ellos pagaron.

Lisbeth me observaba con gesto atónito.

—Increíble... —murmuró y estuvo con la vista fija un rato—.
¿Esto también nos puede revelar las prioridades del ser humano?

—Sí. Al tener **un problema en una zona básica será difícil
atender otra superior,** por ejemplo, un niño enfermo *(zona
física),* triste o con miedo *(zona emocional)* NO podrá escuchar
a su profesora en la escuela *(zona de aprendizaje).*

—O un pueblo sin dinero o sin condiciones mínimas de
seguridad *(zona preventiva),* NO podrá pensar en términos de paz
o amor *(zona de servicio).*

—Muy bien. Ésa es la razón por la que el dibujo tiene la forma
de una copa en la que el camino se estrecha justo enmedio. La mayoría de la gente vive atrapada en el cuello de botella. Baja con
facilidad, pero le cuesta trabajo subir. Arriba, la ruta se ensancha
otra vez porque el hombre ha aprendido a vivir **no sólo** en sus
fuerzas, sino en las de Dios.

—¿Cómo te hubiera ayudado en aquel entonces conocer las
zonas de atención?

—De la misma forma en que puede ayudarle a alguien que está
perdido en una gran ciudad tomar un plano para localizar su
posición y visualizar hacia dónde debe dirigirse.

Me miró unos segundos más sin hablar. De pronto pareció
reaccionar e instó:

—¿Me sigues platicando lo que te ocurrió?

Asentí. Se lo había prometido.

Después del frustrado robo, la cárcel provisional, los golpes
de los policías, el regaño del padre de Joel y, sobre todo, después
de haberme echado de enemigos a los mismos pillos transgresores
que meses atrás insistí en hacer amigos, llegué a mi casa en un
estado de excitación ingente. Sin embargo, apenas entré, la *ener-*
gía de autoestima se desactivó. Cual si un poder superior me hu-

biese retirado las pilas, quedé atrapado en las emociones enfermizas del hijo de un alcohólico.

Mi padre me llevó al centro de la jarana:

—Les presento al primogénito y heredero de esta familia—, comentó levantando el dedo índice y apuntando hacia mi nariz cual si pretendiera detenerse de ella.

No pude evitar un mohín de repugnancia. Además del aspecto material (que es lo menos importante), los hijos heredan hábitos, ideas, religión, niveles de autoestima, predisposición a vicios y muchas otras conductas fundamentales. Ciertamente, como herederos, Alma y yo no éramos los jóvenes más favorecidos.

—Este muchacho —continuó papá con la entonación irregular de un borracho— juega futbol y tiene las piernas más musculosas que han visto.

El que estaba sentado enfrente cambió de silla y se puso a mi lado abrazándome por la espalda. Comenzó a hablarme excesivamente cerca con su aliento mefítico y sus labios bofos llenos de saliva.

—Me da gusto conocerte. Tu padre siempre habla de ti —el beodo hipó y eructó en mi cara—. ¡Camaradas, inviten un trago al jovencito!

Papá empinó la botella de whisky en un vaso, mas después de haber vertido un brevísimo chorro, el líquido se terminó.

—¿Dónde hay otro pomo? —gritó azotando fuertemente el envase sobre la mesa de centro.

—¿Vamos a seguir bailando? —cuestionó el nudista de los calzones sucios que aún estaba al frente esperando que le pusieran atención para reiniciar su grotesca pantomima.

—¿Por qué te tardas tanto? —bufó papá exigiendo licor.

¿A quién le hablaba? Volteé a mi alrededor. Con ese ruido era impensable que mi madre estuviese dormida, pero tampoco era coherente suponer que estuviese despierta atendiendo la reunión. Me equivoqué en el segundo cálculo. Cuando mamá se hizo presente, sentí un golpe directo al corazón. Parecía una loca. Se aproximó despacio, con los ojos muy abiertos y una extraña rigidez. El tipo semidesnudo no hizo el menor intento de cubrirse. Ella recogió los vasos y articuló temerosa que ya no había más bebida.

—¡Pues inventa algo! ¡Trae cerveza o brandy, lo que encuentres!

—Te digo que no hay nada.

Mi padre la detuvo del delantal y la jaló con violencia hacia él.

—Si no consigues algo te juro que nos vamos a otro lugar, donde nos traten mejor.

Era lógico contestarle que se largara (si podía), pero al tomar esa actitud, ella estaría propiciando un problema mayor. Seguramente apenas se marcharan, los cuatro alcoholizados serían detenidos por la policía, se extraviarían o sufrirían un accidente grave, como —el más obvio— rodarse por las escaleras.

Mi madre salió del recinto y al cabo de unos minutos volvió con una redoma de ron a la mitad. Papá se la arrebató sin decir nada; me sirvió un poco de alcohol de caña sobre el de grano que había vertido y me lo extendió.

—¡Hazte hombre!

Bebí un sorbo sintiendo grandes náuseas.

—¡Empínatelo!

Obedecí. Papá ejercía un fuerte dominio psicológico sobre mí. Me aniquilaba. Me intimidaba. Nunca se podía prever su siguiente actitud. Contravenir sus órdenes podía provocar que se echara a llorar amenazando con suicidarse o que comenzara a golpearme despiadadamente.

El de los calzones amarillentos quiso hacer una cabriola pero perdió el equilibrio y cayó quedándose de bruces en el suelo.

—¡Que baile el muchacho! —sugirió uno de los sujetos al ver desplomarse al cómico. Los otros tres aplaudieron y comenzaron a silbar. Mi padre me obligó a levantarme y ordenó:

—¡Enséñales tus piernas de futbolista y haznos una demostración de los ejercicios de entrenamiento!

Me quedé yerto, de pie, sin atreverme a dar un paso.

—Vamos. No tengas vergüenza. Muéstrales a estos gordos borrachos lo que es tener músculos fuertes.

Permanecí quieto, atrapado en la *zona emocional,* preso de un profundo apocamiento.

Papá me apresó por la cintura y me bajó los pantalones de un tirón. Al hacerlo, el dinero que llevaba en los bolsillos se salió y cayó junto a sus pies.

—¿Qué es esto?

No contesté.

—¿Lo robaste?

Me agaché para recoger los billetes y, al hacerlo, un reflejo insensato me hizo hablar sin medir las consecuencias:

—Sí. Hace tiempo que no juego futbol, pero robo por las noches.

Repentinamente y sin que hubiera ningún aviso que me permitiera protegerme, levantó la pierna derecha y me dio una fuerte patada en la cara. Caí al suelo con los ojos cerrados mirando en la negrura de mis párpados el brillo de cientos de luces amarillas.

Mientras él recogía el dinero, mascullaba que nadie me había enseñado esas mañas, que él a veces bebía pero nunca robaba, que en su casa podían ser cualquier cosa pero nadie les diría ladrones. (Palabras huecas, ya que después de haber sido despojado de los billetes, efectivamente hurtados, no volví a saber de ellos jamás.)

Cuando abrí los ojos vi, en el pasillo, la sombra de Alma que me observaba. Estaba llorando contemplando la ignominiosa escena. Ése fue el único estímulo capaz de devolverme un poco de energía. Dejando a mi padre ocupado en la recolección del papel moneda, eché a gatear llevando los pantalones en los tobillos. Apenas salí de la zona peligrosa, me puse de pie, tomé a mi hermanita de la mano y la llevé a su recámara tropezándome a cada paso con la prenda a medio quitar. Pusimos el seguro de la puerta, me subí los pantalones y nos abrazamos con mucha fuerza. Le acaricié la cabeza, quise pedirle perdón, decirle que no debía permitir que hicieran con ella lo que habían hecho conmigo, pero no pude hablar. Sólo la estreché y lloré. Ella se separó preocupada para analizar mi labio partido y amoratado. Abrió la puerta dispuesta a salir para prepararme un fomento pero se topó con mi madre que se acercaba dispuesta a desquitarse también de su propia tribulación.

—¿Por qué llegaste tarde? —preguntó.

—Estuvimos en una fiesta.

—¿Y el dinero?

—Es de un amigo. Me lo dio a guardar.

—Eres ingrato. Ves cómo tengo que sufrir con tu padre y tú, en vez de cooperar, te largas a la calle como un golfo. Qué bueno que por la mala te das cuenta de cómo están las cosas en esta casa. Eres insensato. ¿Acaso nada te importa? ¿No te das cuenta de que soy mujer y estoy enferma? ¿No puedes tratar de llegar temprano para ayudar? Tu pobre hermana es la única que me apoya —hizo una pausa para limpiarse la frente en ademán de mártir y agregó—: Si sucede una tragedia, tú vas a ser el responsable.

Sus palabras me dolieron más que el golpe de mi padre. No razoné que mamá efectivamente había enloquecido un poco ante la presión indómita de tener que soportar a un esposo alcohólico. Sólo agaché la cara sintiendo el veneno de una gran amargura en el alma.

6

ALCOHOLISMO Y CERRAZÓN

Esa noche dormí con una silla atrancando la puerta. ¿Dormir, dije? Pasé el tiempo solamente. Pendiente de los ruidos exteriores, pensando que en cualquier momento mis nuevos enemigos llegarían a reclamarme el dinero que ya no tenía, recordando las palabras del padre de Joel: *"Eres lo que guardas en la cabeza. Tus ideas te hacen libre o esclavo. Tu forma de pensar te quita o te da energía"*. Si era cuestión de ideas —discurría en duermevela sudando y temblequeando—, tenía que leer muchos libros. No era una opción para salir del hoyo, era una obligación imperiosa e ineludible. Abrí los ojos como platos y miré el techo. ¡Dios mío! Acababa de recordar algo que podía sacarme del tornado. ¡El padre de Joel comentó entre su extenso regaño que era un *alcohólico re-cu-pe-ra-do!*

Apenas amaneció, me bañé y salí a hurtadillas de la casa. Tuve que pasar por el área de la sala en la que parecía haber acaecido una cruenta escaramuza. Había botellas tiradas, muebles desacomodados, olor a licor y beodos despatarrados durmiendo por todos lados. Pude haber expoliado los bolsillos de mi vergonzoso progenitor para recuperar el dinero, pero preferí huir. Necesitaba ver al papá de Joel. Pedirle orientación, suplicarle que me guiara en mi problema, que me explicara las ideas que hacen libre, que me compartiera la forma de pensar que da energía.

Llegué a la casa de mi amigo a las siete treinta. Paseé una y otra vez frente a ella sin atreverme a tocar. Finalmente me senté en la acera y esperé. A las ocho de la mañana se abrió la puerta eléctrica del garaje y salió el automóvil del padre de Joel.

Lo detuve y le dije que necesitaba ayuda, que había pensado mucho lo que nos comentó la noche anterior y que no quería estar más tiempo asociado al mal.

—Instrúyame —supliqué—, ¿qué debo hacer?

El hombre miró su reloj impaciente.

—Ponte a estudiar y a trabajar —me dijo—. Vence la flojera y haz el bien. Es todo lo que puedo aconsejarte.

Echó el carro en reversa y me aparté.

—Señor —insistí levantando la mano—. Mi problema es urgente. Por favor, auxílieme...

—Búscame en la noche —activó el control remoto para hacer cerrar el portón y embragó la primera velocidad— . Ahora tengo prisa.

—¡Mi padre es alcohólico! —grité cuando el automóvil se iba. Una enorme tristeza me invadió al verlo alejarse.

Agaché la vista y sentí nostalgia. Me quedé inmóvil por un rato, luego pateé una piedra y di media vuelta para abandonar el lugar, pero, de repente, el auto del padre de Joel apareció por el lado opuesto de la calle, como si el conductor hubiese reaccionado tardíamente decidiendo regresar dando la vuelta a la cuadra.

El hombre sacó la cabeza por la ventanilla y se me quedó viendo.

—¿Tu padre es alcohólico?

Asentí. Tartamudeé y aturrullado comencé a relatar con frases entrecortadas cuanto había ocurrido en mi casa la noche anterior.

—Sube al coche. Acompáñame al trabajo y en el trayecto platicamos.

Di la vuelta corriendo, abrí la portezuela y me senté a su lado.

—¿Ahora entiendes por qué estaba tan furioso anoche? —preguntó acelerando—. La ida cuesta abajo es una trampa en la que puede caer cualquiera.

—Sí —comencé a hablar con rapidez—. Mi padre era gerente de ventas de una compañía de alimentos en conserva. Ganó un premio y logró el mejor historial a base de trabajo e ideas novedosas. Pero decayó. Se ha convertido en un ser impredecible. Mi hermana y yo estamos desesperados y profundamente heridos por todo lo que nos hace.

El hombre permaneció callado por un largo rato. Su vista estaba fija al frente. Tal vez pensaba en la época en la que él mismo causó un daño similar a su familia.

—¿Y usted, cómo se curó? —pregunté poniendo el dedo en la llaga sin más evasivas.

—El alcoholismo no se cura. Yo me rehabilité, pero aún hoy, después de haber dejado de beber por más de diez años, si me confío, puedo tener una recaída de la que tal vez no me recupere jamás. El alcohólico debe vivir alerta, con un código vital, siempre consciente de su vulnerabilidad.

—Pero el licor —pregunté ávido de entender miles de cosas que, hasta la fecha, eran enigmas para mí—, ¿por qué si es un artículo creado para hacer que las personas estén alegres produce efectos tan terribles?

El hombre sonrió con amargura.

—El alcohol **no** es un artículo hecho para estimular el buen humor, en realidad es una sustancia depresora. Atraviesa las paredes del sistema digestivo libremente y quince segundos después de haberse ingerido entra al torrente sanguíneo intoxicando el cerebro. Retarda su funcionamiento, lo anestesia, por decirlo más llanamente. Adormece la zona que guarda la información sobre las restricciones, de modo que la persona se siente libre de ataduras, relajada; a la vez, la droga menoscaba su capacidad intelectual, le impide reaccionar adecuadamente ante los estímulos, disminuye su velocidad de razonamiento, memoria y reflejos.

—Pero en mayores dosis es peor que eso, ¿no?

—En grandes cantidades, el alcohol deprime el cerebelo afectando el mecanismo del equilibrio. En medidas mucho mayores ataca y anestesia el bulbo raquídeo que es quien regula las funciones vitales como la respiración y el corazón. Muchos jóvenes mueren de un colapso respiratorio por haber jugado competencias con sus compañeros tomando una botella completa sin detenerse. Por otro lado, existen evidencias de que cada vez que se inhiben las neuronas cerebrales se matan cientos de ellas… Un bebedor, al día siguiente, sólo tiene dolor de cabeza, pero no nota que su capacidad intelectual ha disminuido quizá una milésima parte. El cuerpo se va adaptando a la intoxicación adquiriendo dependencia. Con los años, la pérdida de aptitud mental será más notoria, pero para entonces tal vez exista ya algún tipo de cáncer, cirrosis hepática, úlcera gástrica y, por supuesto, problemas laborales, maritales y tutelares.

Me sorprendió que esos datos me los diera un alcohólico rehabilitado.

—Y se... señor —tartamudeé—, disculpe, ¿cómo se llama usted?

—Joel, también.

—Disculpe, don Joel. ¿Es común enviciarse lentamente?

—Claro, ¿por qué?

—Porque no sé cómo mi padre se hizo alcohólico. Toda su vida se distinguió por conocer de vinos y licores pero rara vez se embriagaba. Sin que él mismo se diera cuenta, fue aumentando sus dosis. ¿La dependencia se va dando tan *lenta e imperceptiblemente*?

—A veces. Todo está en función de las condiciones hereditarias y metabólicas del individuo. Hay quienes llegan muy rápido a la adicción mientras otros, como tu padre, se demoran muchos años en cerrar el círculo. El proceso, lento o veloz sigue los mismos patrones casi siempre. Primero se comienza como **BEBEDOR SOCIAL**, o sea *tomando en reuniones o con amigos*. Una vez que se experimenta la sensación de bienestar se comienza a ser un **BEBEDOR DE ALIVIO**, es decir una persona que *busca un trago a solas para sentirse relajado y aliviado de sus presiones*. De ese nivel al siguiente sólo hay un paso, se va adquiriendo *tolerancia* (la persona requiere cada vez dosis mayores para lograr los mismos efectos que antes) y entonces se ha convertido en un **GRAN BEBEDOR,** o sea alguien que puede *tomar cantidades más grandes sin "marearse", que se siente orgulloso de aguantar más que otros y de controlar el alcohol a su antojo*. El ser un gran bebedor es la antesala del alcoholismo, la membrana que separa ambas fases es demasiado fina para saber dónde ha terminado una y comenzado la otra.

—Mi padre fue entre bebedor *social* y de *alivio* por más de veinte años. Toda una vida sin llegar a enviciarse, ¿comprende?

—Claro. Eso es muy común. Por eso las familias **promedio** tardan *siete años* frente a la evidencia del vicio antes de admitir que hay un alcohólico en casa y *dos años más* para buscar ayuda.[1] Yo no podía evitar tener los ojos muy abiertos. Siete más dos, nueve años viviendo en el infierno sin hacer nada. Hice la cuenta mentalmente. Era cierto. Nosotros llevábamos ocho.

—El cuadro es tremendo —comenté percibiendo un sabor metálico en el paladar—, pero hay algo que todavía no encaja en mi entendimiento. Yo siempre creí que una persona con cultura, que sabe beber, está libre de peligro. ¿Cómo es que alguien con la madurez de mi padre pudo caer en el vicio?

—El usuario del vino "fino" puede perseguir el placer del paladar o de la buena digestión, pero para algunos es muy fácil perder el enfoque. No hay nadie, ¿me entiendes? Ni tú ni yo ni nadie que esté exento del riesgo de caer. **No depende de tu fuerza de voluntad,** sino de confiarse "criando cuervos" con el alarde de que *a ti* nunca te sacarán los ojos. La droga va haciéndose *amiga* de tu organismo. Vela como una mascota agradable que crece más mientras más la alimentas, pero que te atacará a traición cuando menos lo esperes. Tu situación emocional, edad y condiciones físicas son elementos cambiantes que dan al alcohol diferentes patrones cada día, hasta que éste encuentra el ideal para atacar. **No son las propiedades de una sustancia lo que la hace adictiva sino la COMBINACIÓN de esas propiedades con el estado químico del organismo de cada individuo en particular.** La predisposición hereditaria es un factor importante pero no único. Ni médicos ni psiquiatras ni adivinos pueden predecir cuándo se darán las **condiciones internas** adecuadas para despertar la ira del animal, pero al ocurrir esto la persona enferma. Y la enfermedad puede disimularse un poco. **No se necesita estar ebrio tirado en la banqueta para tener problemas; sólo el cinco por ciento de los bebedores viciosos viven en la calle,**[2] el resto son nuestros vecinos, abogados, médicos, psicólogos, vendedores, maestros,

---

[1] Doctor Anderson Spickard y Barbara R. Thompson, *"Se mueren por un trago"*. Vida.

[2] John Boit Morse. *"Don't tell me I'm not an alcoholic"*, Hazelden Foundation.

comerciantes; los vemos salir bañados y peinados por las mañanas y nadie sabe el tormento interior que pueden estar viviendo. Ellos mismos no lo reconocen y sus compañeros con frecuencia sólo piensan que tienen mal carácter. Un alcohólico recuperado que conocí compartió en su testimonio que para él era un martirio trabajar como dentista; en el consultorio no podía pensar en otra cosa, el deseo se convertía en una presencia casi física que le quitaba la concentración, se sentía enfermo y con náuseas, sólo cuando tomaba una copa el malestar se calmaba y podía pensar en otra cosa; haciendo un esfuerzo sobrehumano se mantenía sin beber por varias semanas y cuando parecía que todo iba a ser fácil, el deseo regresaba más fuerte e incontrolable.

El problema coincidía con mi caso familiar. Papá, al principio, vivió una lucha parecida. No se embriagaba a diario, pasaba días, a veces meses enteros, sin tomar una gota de alcohol, pero de pronto comenzaba de nuevo.

—Cuando el animal ha madurado en tu interior —continuó don Joel—, con frecuencia se comporta astutamente, se agazapa en tus entrañas vigilando, respirando con paciencia, esperando sin ninguna prisa el momento adecuado para cumplir su objetivo de matarte... El vicio realmente tiene vida propia. Son fuerzas que han sido despertadas quitándole el control de su vida a la persona afectada. Actualmente se pierden de 8 a 15 millones de días de trabajo al año por causas del alcohol, según cifras de la *OMS* [3] cerca del 10% de la población de todo el mundo es alcohólica. En Europa la mayoría de la gente considera que el alcohol es complemento indispensable para el alimento, a pesar de que para muchos se sale de control y de que el 10% de todas las muertes en general se deben al consumo de esta droga. En muchos países, del 30 al 50% de los internos en hospitales psiquiátricos requieren rehabilitación alcohólica. En la XXXII Asamblea Mundial de la Salud se declaró el alcoholismo como uno de los mayores problemas de salud pública en el mundo. [4]

---

[3] Doctor Anderson Spickard y Barbara Thompson. *"Se mueren por un trago"*, Vida.
[4] Vermon Coleman. *"Adictos y Adicciones"*, Grijalbo.

Me sentí furioso sin saber exactamente contra quién. ¿No era una estrategia malintencionada promover eventos para jóvenes en la televisión alternando los programas con un intenso bombardeo publicitario de alcohol?

—¿Y por qué, si se trata de una droga nefasta, no está prohibida como el opio o la marihuana? —pregunté.

—**El alcohol es una DROGA LEGAL por tres razones.** *Primero:* la adicción que provoca se ha heredado desde la antigüedad de una generación a otra. *Segundo:* el número de adictos actualmente es tan espantosamente alto que, de ser prohibida (ya se hizo en otras épocas), los bebedores voltearían el mundo de cabeza en una sangrienta revolución. *Tercero:* es uno de los negocios más lucrativos de la Tierra, un alto porcentaje del erario público de todos los países se mantiene por los impuestos que produce la venta de esta sustancia, cientos de miles de familias viven directa o indirectamente de las utilidades que representa esta empresa multimillonaria.

—En los anuncios de televisión se *vende* algo tan distinto —dije como pensando en voz alta.

—Es cierto. Para vender esto "legalmente" hay que darle un giro engañoso a la imagen. Los expertos en mercadotecnia hacen creer a la gente que beber proporciona categoría, que ciertos licores son signo de buen gusto, cultura o delicadeza. La cerveza se relaciona con los deportes; el whisky, con reuniones elegantes; las bebidas mezcladas, con fiestas y romances juveniles... Algunos hablan de la cultura del vino, destacan sus cualidades digestivas y consideran sinceramente al licor como un manjar indispensable e insustituible, pero lo cierto es que **el alcohol está presente en la gran mayoría de asaltos, accidentes automovilísticos, violaciones a mujeres, abusos sexuales a niños, maltratos a hijos, golpizas a esposas, desintegraciones familiares, divorcios, pleitos callejeros, además de ser la denominada DROGA DE ENTRADA.**[5]

5.- Doctor Jep Hoster, *"10 cosas que los padres deben saber acerca del abuso de las drogas y alcohol"*, Centenario.

—¿Algo así como la puerta para otras drogas?

—Exactamente; por lo regular se comienza tomando alcohol antes de consumir cualquier tipo de estupefaciente mayor.

—Es curioso que, siendo el alcohol también una droga, su consumo se vea con mejores ojos que el de cualquier otra.

—Bueno. Si la cocaína, por ejemplo, se anunciara por televisión, estuviera al alcance de nuestros hijos, se vendiera en la tienda de la esquina y todos nos viéramos forzados a aceptar una "inhaladita" en cada fiesta o reunión, puedes estar seguro de que también los cocainómanos serían vistos con mejores ojos.

—Pero el alcoholismo en sí es una *enfermedad,* ¿o no?

—Claro. PROGRESIVA porque el afectado, aunque tenga periodos de lucidez bastante esperanzadores, en realidad empeora cada día, y MORTAL porque si no recibe ayuda a tiempo terminará invariablemente falleciendo por causa de su vicio.

—¿Es algo así como la diabetes o el cáncer?

—El alcoholismo es **mucho peor que cualquier otra enfermedad.** Normalmente cuando una persona padece problemas cardiacos, diabetes o cáncer, conserva sus lazos de afecto, su hogar, sus bienes y sus amistades; el alcohólico, por lo común, lo pierde todo. La dolencia no es sólo física, es sobre todo familiar, espiritual y mental. Daña a los que viven con la persona, mata sus relaciones afectivas, destruye su vida intelectual y material.

—Y usted, ¿cómo se rehabilitó? —volví a preguntar aferrado a la idea.

Don Joel orilló el automóvil y disminuyó la velocidad al mínimo.

—Sólo cuando me di cuenta de que estaba enfermo y caí de rodillas pidiendo perdón por mis atropellos, comencé a mejorar.

—¿Pidiendo perdón? —me reí abiertamente y mi risa fue sincera—. Usted no conoce a mi padre.

—Eres tú el que no conoce a los alcohólicos. El drama verdadero es que el enfermo **no acepta que necesita ayuda.** Tal vez acuda al médico para quejarse de dolores de cabeza, sudoraciones nocturnas, depresión, dolencias digestivas, pero no reconocerá que tiene problemas con la bebida.

Mi padre correspondía a la definición, pero mi madre también.

—En ese orden de ideas —opiné—, hay muchos que no reconocen sus errores **y creen que todo es culpa de los demás.** Vivo rodeado de gente así. Mi problema familiar es un embrollado laberinto sin salida.

Don Joel detuvo totalmente el vehículo y se quedó mirándome de una forma directa y acusadora.

—Voy a hablarte muy claro —enfatizó sus palabras casi como en la noche anterior—. Desembrolla tu laberinto: Tu padre tiene **DOS** ENFERMEDADES DISTINTAS e independientes. Parecen una sola y con frecuencia se comete el error de mezclarlas, pero en realidad **son dos: UNA,** el *alcoholismo,* y **OTRA,** la *cerrazón.* La gran mayoría de los que enferman de alcoholismo enferman también de *cerrazón,* pero no así en el caso contrario. Millones de personas padecen *cerrazón* sin ser alcohólicos.

No pude evitar quedarme con la boca abierta. Todo yo era un signo de interrogación enorme.

—¿De qué enfermedad habla?

—**La** *cerrazón* está constituida por una serie de síntomas que aparecen cuando el EGO enferma. No es un nombre médico registrado, pero espero que muy pronto lo sea, porque en realidad es un padecimiento psicológico. Así como existen neuróticos, esquizofrénicos, paranoicos, también *"cerrazónicos";* existen gente de mentalidad cerrada crónica, ¿me explico? **Aumento de presunción y caprichos autoritarios** son los primeros síntomas.

Don Joel embragó la primera velocidad y se reincorporó a la vialidad de la calle muy despacio.

Nos detuvimos en un semáforo y se volvió nuevamente para verme.

—**El** *cerrazónico,* **no importa su edad física, tiene pensamiento arcaico. Es la enfermedad de la vejez mental. La persona cree haberlo visto todo y saberlo todo, es soberbia, impaciente, ególatra, enseña sus conocimientos jactándose; disfruta señalando los errores, cuando le aconsejan se irrita y cuando le agreden ataca con ferocidad.** Es el caso, por ejemplo, de madres aprensivas que se la pasan corrigiendo a todas sus conocidas porque sólo ellas saben el secreto de la salud infantil; el caso de hombres que ante la más mínima agresión de un conductor cercano se bajan del automóvil y se retan a golpes; son personas pedantes que se sienten dueños del mundo, con el derecho de dar lecciones a los demás, que quieren educar al planeta para que ya no haya tontos; personas que manipulan e intimidan a todo aquel que opine diferente, que minimizan el éxito del triunfador y aseguran que lo que otro hizo, ellos podrían haberlo hecho mejor.

—Viéndolo así —objeté—, todos somos un poco *cerrazónicos*.

—Sí, como todos somos un poco neuróticos, por adaptación defensiva al medio ambiente, sin embargo existen niveles normales y anormales. Cuando la neurosis o la *cerrazón* crecen y se vuelven crónicas, la persona YA NO ES SANA. **Un enfermo de este tipo ablanda a sus allegados y los orilla a creerse culpables de los errores que él comete,** tiene una gran capacidad para hacer sentir mal a los demás remarcando las fallas de todos y criticando destructivamente. Además, cuando la gente está apabullada se vuelve tierna y dulce creando confusión emocional. Muchos *cerrazónicos* rechazan toda relación con Dios y hacen escarnio de los que sí tienen espiritualidad tildándolos de ingenuos santurrones. Otros, por el contrario, son extremadamente religiosos y con su libro de reglas en la mano condenan y juzgan a los demás sintiéndose "la cuarta persona de la Trinidad". Los allegados de un cerrazónico piensan que siendo como él les ha dicho que deben ser y soportando su mal carácter todo cambiará; es por eso que intimidados, prefieren no alterar la calma, quedarse callados y seguir consintiendo los caprichos ególatras. Miles de esposas de *cerrazónicos* asumen las responsabilidades que ellos van dejando, justifican y protegen al tirano cerrando también su mente y de alguna manera enfermando con él.

—Ésa es mi madre —interrumpí.

El conductor del vehículo que estaba detrás del nuestro tocó la bocina para que avanzáramos. La luz verde se había encendido hacía un rato.

—**Hijos y cónyuges de *cerrazónicos*** —comentó poniendo el vehículo en camino nuevamente— se sienten en un callejón sin salida y con frecuencia muchos sobrellevan el problema mediante las adicciones e incluso mediante el suicidio. En un estudio, el 75% de los adolescentes que se quitan la vida son hijos de alcohólicos. En otro, el número subió al 90%.

El automovilista que iba atrás nos rebasó vociferando obscenidades y tocando el claxon.

—Pero muchas veces —repliqué—, los familiares estamos esperando que la persona enferma *toque fondo*. Dicen que sólo así reaccionará y se dará cuenta de su problema.

—Eso es un mito absurdo. Quien "toca fondo" y ha dañado toda su estructura vital ya no tiene nada que perder y es casi imposible que se rehabilite. Lo que ayuda más a un enfermo en recuperación es el poseer todavía una familia, un trabajo, amistades o casa que defender y conservar.

Me quedé meditando sus palabras sin opinar. Muchos años después, estoy seguro de que lo que ese hombre denominó tan acertadamente como *cerrazón* es la **típica actitud que obstruye la entrada a las *zonas de atención superiores*.** Para manejar el mecanismo de *aprendizaje* u otro mayor, hay que ser todo lo contrario a un *cerrazónico*: **Tener humildad verdadera, reconocer los errores, saber pedir perdón, investigar, escuchar con interés, aprender de todos, sacar lecciones de cada hecho bueno o malo, observar, ser paciente, sencillo, comprensivo, reflexionar ante los consejos de los demás y seguir caminando sin responder nunca a las agresiones de los cerrados.**

Llegamos al estacionamiento de su empresa. Me asombré sobremanera y me puse un poco nervioso al descubrir que se trataba de la misma compañía de alimentos en conserva en la que trabajaba mi padre.

El hombre extrajo de la cajuela de guantes un grueso libro muy usado, lo abrió en la portadilla y escribió el domicilio de un grupo de autoayuda para familiares de alcohólicos.

—Asiste a este lugar. Las reuniones son diariamente a las ocho de la noche. Ah, y si puedes lee el libro.

Se bajó del auto. Lo imité.

—Usted me acaba de explicar las **dos** enfermedades de mi padre —le dije—, pero no me deje así... ¿Cuál es el tratamiento?

—**Liberarse interiormente, dejar de ser consentidor y**

practicar los careos amorosos. Esas son las *tres piedras de rescate.* Leyendo este libro y asistiendo al grupo de autoayuda, las entenderás.

¡Maldición, el padre de Joel y sus tecnicismos! Me urgía conocer esos conceptos, pero no podía quitarle más tiempo al hombre.

—De acuerdo —asentí. Nadie me dijo que la solución a mis problemas iba a llegarme gratis.

Le di las gracias con un fuerte apretón de manos y me retiré alegre, como si me hubiesen vuelto a poner las pilas.

El gusto no me duró mucho.

Iba llegando a mi casa y pude distinguir a lo lejos a toda la pandilla parada frente al edificio. Algunos estaban dentro del videoclub de mi tío Ro curioseando, otros vigilando en espera de sorprenderme al regresar.

Di media vuelta y corrí en dirección contraria.

—¡Allá va Zahid! —gritó uno de los vigías dando la voz de alarma a la pandilla. Todos salieron disparados detrás de mí.

7

LIBERARSE INTERIORMENTE

El piloto había iniciado el descenso en un aeropuerto interme-
dio para volver a llenar de combustible el tanque. Observé la
oscuridad de la noche a través de la pequeña ventanilla. No había
sido un vuelo tranquilo. Más de una vez tuve que hacer pausas en
mi relato para asirme de las coderas y esperar a que pasara la
turbulencia.

Miré a Lisbeth meditando y tuve el deseo de besarla, pero no
lo hice. ¡Cómo amaba a esa mujer! Éramos dos almas doblegadas
por la injusticia que se habían hallado en el camino para comple-
mentarse y crecer.

—Si mi padre no hubiera sido alcohólico —susurré—, y don
Joel no me hubiese instado a asistir al grupo de autoayuda, yo
nunca te hubiera conocido.

Asintió con ternura.

—Todo mal lleva consigo, a la larga, un bien mayor.

Se recargó en mi hombro pidiéndome que continuara el relato.
Obedecí.[1]

Tal vez la pandilla aún dudaba de mi culpabilidad, pero con mi
loca carrera me delaté de inmediato. ¿Por qué no me enfrenté a
ellos fingiendo no saber nada del atraco a la bodega? ¿Por qué no
tuve la templanza para representar el papel de inocente? Era inútil
tratar de corregir lo que ya estaba hecho.

---

[1].- Lo que a continuación escribo es una relación aproximada de la conversación que tuvimos
en el avión, pues la reconstruí con calma al redactar, apoyándome en material fidedigno.

Corría con todas mis fuerzas sabiendo de lo que huía. Ellos no perdonaban la traición. Aún si les devolvía el dinero, nadie me salvaría de una paliza colectiva, sin embargo, no alcanzaba a calcular lo que pasaría cuando supieran que *no* lo devolvería.

Crucé la avenida principal a toda velocidad y casi propicié un accidente automovilístico. Los sentía detrás de mí, pisándome los talones. Entré en una casa particular saltando la barda y salí por el otro lado a la calzada. Al caer en la banqueta me torcí un tobillo.

Un autobús se hallaba en la bocacalle y terminaba de subir pasajeros. Cojeando, lo alcancé cuando ya se iba, toqué la puerta y el chofer se detuvo para abrirme. Mis perseguidores estuvieron a punto de pillarme. Fueron reuniéndose uno a uno después de la fatigosa carrera para ver cómo me alejaba en el autobús.

Aunque estaba a salvo de momento, ellos y yo sabíamos que muy pronto nos volveríamos a encontrar.

Me acomodé en el último rincón del transporte colectivo y jugueteé nerviosamente con el libro que me prestó don Joel. Era un volumen rústico sin solapas y bastante maltratado.

Lo acaricié, lo hojeé. Se titulaba *"Llenándose de energía interior"*, como subtítulo tenía una larga frase que versaba: *"Cómo librarse de las cadenas mentales con base en la terapia asertiva sistemática elaborada por el doctor Manuel J. Smith"*.

Intenté comenzar a leerlo una y otra vez, pero mi mente no podía concentrarse en las palabras. Ciertamente la pandilla era un problema al que iba a tener que enfrentarme tarde o temprano. Suponiendo que lograra esconderme de ellos por unos días, las vacaciones terminarían y entonces volvería a verlos en la escuela. ¡Caramba! Tenía que hacer algo. No podía vivir huyendo.

Cerré los ojos y procuré calmarme. Ya encontraría la solución. Por lo pronto debía conducirme con aplomo.

No sólo el temor me tenía atrapado en la *zona emocional*, sino que posiblemente me había quitado toda la *energía de autoestima*.

Hice mentalmente una combinación del título y subtítulo del libro formando una frase que me pareció vital en ese momento: *"Llenarse de energía interior liberándose de cadenas mentales…"*

Abrí el libro nuevamente, lo hojeé leyendo un párrafo al azar:

Nadie que viva sujeto a grilletes de pensamiento podrá ser feliz jamás. Desprenderse de los falsos mitos que nos hacen personas manipulables es el primer paso a la libertad interna.

Recordé que don Joel mencionó eso como la primera piedra de salvación. Regresé al capítulo uno y comencé a leer con gran interés:

> **Libérate de la creencia de ser el protector de la humanidad. Tienes derecho a no cargar con las culpas de otros.**

*Ayudar, cooperar, conceder y dar son actitudes de servicio sublimes cuya grandeza estriba precisamente en ser una muestra **voluntaria** de la generosidad del alma; pero las mismas actitudes pierden su excelsitud cuando se viven a fuerza, por presión o manipulación de otros.*

*Es momento de empezar a madurar. Tienes derecho a **negarte** cuando otra persona te trate de obligar a pagar sus culpas.*

"Préstame dinero, haz esto por mí, sacrifícate, regálame, cuídame, no me dejes padecer, dame lo que tienes…" ¡Cuidado! Son frases que se usan para hacerte sentir responsable de algo que no eres. Millones de personas sufren terriblemente al creerse culpables de la perdición de un ser querido. Muchos padres que tienen hijos conflictivos viven con una espina clavada en el corazón sintiendo que fue culpa de ellos. Es verdad que nuestras actitudes pueden cambiar el rumbo de la existencia de otros, pero en muy pocas ocasiones somos responsables de su ruina. Cada uno puede enderezar el camino de su vida y tú no eres responsable si alguien no lo hace.

Libérate de la presión del sufrimiento ajeno. Tus hijos no son tú: Su vida no es la tuya. Ellos son almas independientes que tienen su propio proceso de crecimiento y que precisan vivir ciertos retos y dolores aunque tú no quieras. Deja de desgarrarte el corazón por sobreprotegerlos y simplemente ayúdalos a entender que los amas pero que no tienes por qué padecer por sus ye-

rros, pues ellos son responsables de cada una de las consecuencias de sus actos. Al final de los tiempos estarán bien, puedes estar seguro.

Entender que tú no eres el protector de la humanidad, que el sufrimiento ayuda al progreso de quien lo padece y que no hay nada malo en el dolor, pues éste nos hace mejores, es básico para liberarse del primer grillete.

*Recuérdalo siempre: Tienes derecho a no cargar con las culpas de otros. Sobre todo si te obligan a ello, porque entonces no lo harás por **servicio** o por **misión** sino por manipulación y nadie puede manipular a una persona madura.*

Levanté la vista del libro un poco alterado. Eran conceptos que penetraban en mi entendimiento como proyectiles explosivos y hacían pedazos todas mis ideas.

El temor a la pandilla comenzaba a desaparecer y a cambio me invadía un sentimiento de ignorancia enorme. Estaba dejando la *zona emocional* para subir a la de *aprendizaje* y darme cuenta de que en ello se hallaba mi salvación. No podía darme el lujo de desconocer las técnicas que otros usaban para salir del lodazal, mientras yo me hundía en él. Cerré el libro y lo contemplé. Lo leería de cabo a rabo. Lo memorizaría, lo aplicaría. Volví a abrirlo y vi la dirección que don Joel anotó en la portadilla. Eché un vistazo a la calle y reconocí el rumbo. No estaba muy lejos del sitio en el que se reunía el grupo de autoayuda.

Era muy temprano para ir allí, pero no importaba. Esperaría leyendo.

Bajé del autobús y caminé directo al lugar.

Me sorprendí, al descubrir un elegante y amplio salón. Le dije al cuidador que era la primera vez que asistía a la reunión y que se trataba de un caso urgente. Él me informó cómo la nave era compartida por dos asociaciones distintas. La primera se reunía a las cinco de la tarde, pero me advirtió que era exclusivamente para mujeres.

—La de usted sesiona hasta las ocho de la noche —miró el reloj y emitió un silbido—. Apenas va a dar la una.

— No tengo adónde ir —le contesté—. ¿Hay algún lugar en el que pueda sentarme a leer mientras espero? Por favor.

El hombre hizo un mohín de desagrado y me dejó pasar a una pequeña estancia que hacía las veces de recepción.

En las siguientes cuatro horas leí todo el libro y, como me quedé pasmado ante tan antagónicas ideas, olvidé el cansancio y el hambre. Había hallado verdaderamente una piedra de rescate para mi vida.

Cerca de las cuatro treinta llegó la primera mujer que asistía al grupo de autoayuda. Se quedó asombrada de ver a un hombre en la recepción, pero no hice el menor caso a su asombro y le pedí que me prestara un lápiz para marcar lo más importante del libro.

Lo hizo mecánicamente y comencé a subrayar de inmediato:

> ***Libérate de la obligación de ser perfecto.***
> ***Tienes derecho a cometer errores y pagar por ellos.***

*Si te equivocas acéptalo, no te defiendas, no busques justificaciones. Grábatelo con fuego: **tienes derecho a cometer errores**. Tantos como necesites cometer para ir aprendiendo las lecciones de la vida.*

Así como es bueno que otros aprendan de sus tropiezos sin que tú estés obligado a salir al rescate, también entiende y acepta que tus propias caídas te hacen una persona mejor. ¿Hiciste algo mal ayer? Está bien. Es parte de tu caminar por la vida. Entiende que en el futuro seguirás cometiendo errores y no te sientas mal por ello ni te inhibas para tomar nuevos riesgos. Continúa moviéndote, decidiendo, actuando, aunque te equivoques.

*Por supuesto, no basta con saber que las caídas son buenas, precisas entender también que **los errores producen dolor** y que debes enfrentar responsablemente las consecuencias de ese dolor. Por ejemplo: Vas andando por la calle distraído y te estampas con un poste. **Tienes derecho** a golpearte la cabeza con todos los postes de la ciudad hasta que aprendas a esquivarlos, pero, por favor, no te enfades con el poste o contigo, no lo patees ni hagas escenas de frustración. El golpe duele pero es el **precio*** *de tu error. Págalo con gusto y **aprende la lección**. Cada error tiene su precio y debes aceptar pagarlo gustoso. Si es de dinero, con dinero, si es de dolor (físico o emocional), con dolor, si es de trabajo, con trabajo.*

*Tal vez tu acompañante se ría y te diga que eres torpe, sonso, bruto. Ríete con él, pero no creas la gran mentira de que tú **eres** así. Porque **no lo eres**, simplemente cometiste un error. Calificar a las personas con un "**eres**" acompañado de adjetivos denigrantes es una insolencia enorme. No permitas que algún manipulador te cuelgue etiquetas permanentes y si lo han hecho ya, arráncatelas con decisión para siempre. Tú **NO ERES** tonto, feo, inseguro, tímido, torpe, lento, malo para las matemáticas, malo para el deporte ni nada de lo malo que los demás te han hecho creer. Eres, en realidad, un gran ser humano, un hijo de Dios, un triunfador en potencia. Cuando te equivoques y alguien te diga "**eres...**", no lo tomes en serio. Tienes derecho a cometer errores. Tus errores te perjudicarán a ti y nadie sino tú serás responsable de las consecuencias de ese error.*

Recordé los "*eres*" de mi madre (insensato, ingrato e irresponsable) y lo mal que me habían hecho sentir. Ella quizá tuvo razón en reclamarme por haber llegado tarde a casa, pero yo *NO ERA* nada de lo que me dijo, en todo caso cometí un error y los policías, don Joel y mi padre mismo me hicieron pagar caro por él. Era una bella forma de ver la vida y de quitarse las pesadas cadenas de la inseguridad.

Continué subrayando:

Libérate de la rigidez.
Tienes derecho a cambiar de opinión.

Desde la más tierna infancia se nos ha enseñado que una vez declarados nuestros deseos, ya no podemos retractarnos.

*El no atreverse a rectificar el camino, por temor a que alguien se enoje, es un acto pueril e irresponsable. Erradica esa costumbre, quítala de tu cabeza. La **rigidez** es una excelente cadena que* *te hace fácilmente muñeco de otros, pues te obliga a mantenerte atado a decisiones que en su momento fueron buenas pero que ya no lo son. La gente y las circunstancias cambian; lo que antes consideraste conveniente puede no serlo a la luz de nuevas ideas.* **Tienes derecho a cambiar de opinión.**

Como es de esperarse, hay que saber también que ejercer este derecho tiene un **precio.** *Con frecuencia, al cambiar de opinión pagarás pérdida de bienes, retroceso en el camino andado, molestia en otros, etcétera; pero valora lo que pierdes y lo que ganas para actuar después, con los pies en la Tierra, según te convenga. No te sientas atado de manos sólo porque afirmaste algo. Ésas son pamplinas que te hacen víctima de los manipuladores.* **Tienes derecho a cambiar de opinión.** *Si compraste algo y no te gustó, devuélvelo, si anunciaste hacer un negocio determinado, pero luego reflexionas que te beneficia otra cosa, el "echarse para atrás" no será muestra de inmadurez sino de todo lo contrario. Por supuesto que pocos lo entenderán. Te tildarán de inconsistente, de no tener palabra y si logran intimidarte, cederás y harás algo que de antemano sabes perjudicial. Pero detente... Miles de personas, en una moral mal entendida, se esfuerzan por defender su posición aún sabiendo que es errónea, millones de seres humanos viven soportando situaciones terribles cuando por dentro quisieran cambiar y liberarse de las presiones que aceptaron en otra época. Los que no pueden superar la zona de aprobación suelen tener pánico a que los demás piensen mal de ellos, por eso se ven en la necesidad de hacer cosas que no quieren. Es muy sencillo y lo diremos más coloquialmente aún:* **Sólo los valientes huyen.** *Si exaltado por los calores del momento te retaste a golpes con alguien o juraste hacer algo que posteriormente evalúas inconveniente, piénsalo mejor, no hagas lo que ya no quieres hacer.* **Tienes derecho a cambiar de opinión.**

¿Pero qué clase de filosofía era ésta? Me asustaba y me aplastaba. No podía haber sustentado toda mi vida sobre bases falsas. Esos conceptos eran peligrosos, porque si una persona sin escrúpulos los hacía suyos podía botar sus responsabilidades, dejar hijos, mujer, trabajo y país sólo porque el candoroso cambió de opinión. Aunque claro, el resumen dictaminaba abiertamente que ejercer este derecho tenía un precio también.

(*Con frecuencia pagarás molestia en otros, pérdida de bienes, retroceso en el camino andado, etcétera. Pero valora lo que pierdes y lo que ganas para actuar después, con los pies en la Tierra, según te convenga*).

Algunos meses atrás Alma, mi madre y yo le prometimos a papá que estaríamos con él y lo ayudaríamos in-con-di-cio-nal-men-te, pero cumplir esa promesa nos estaba causando un profundo daño. Además, consentir sus errores sin dejarlo pagar por ellos lo hacía hundirse cada vez más en el fango de la irresponsabilidad. Todos en esa familia **teníamos derecho a no cargar con las culpas de mi padre** y a la luz de las circunstancias actuales mamá, Alma y yo debíamos **retractarnos abiertamente** frente a él de nuestra promesa de tener que soportarlo.

Volteé a mi alrededor.

La estancia se estaba llenando de mujeres. Agaché la cara y me apresuré a subrayar antes de que me pidieran el lápiz.

> *Libérate de la obligación de saberlo todo.*
> *Tienes derecho a decir "no sé" o "no entiendo".*

Las personas de mente cerrada tratan de hacer sentir mal a los demás demostrándoles cuán ignorantes son. Te preguntan si has leído determinado libro, si conoces a cierto personaje, si estás enterado de las noticias, esperando que caigas en alguna torpeza para echártela en cara... Recuerda que no tienes por qué fingir o aducir que tal o cual cosa, en efecto, te parece conocida. Arráncate el grillete. Tienes derecho a decir "no sé" o "no entiendo". Si te preguntan qué piensas de aquello, no te angusties, puedes contestar con un simple NO SÉ. Si alguien te exige algo que te parece ilógico, dile que no entiendes por qué te pide eso, y no accedas hasta que te explique a tu entera satisfacción. Si alguien está enojado y no sabes la razón, dile abiertamente que no entiendes el porqué de su actitud. Observar con atención y aprender a reconocer una y otra vez que "no saben" para hacer que los demás expliquen, es el secreto de los sabios. Si no sabes o no entiendes algo, dilo. En vez de sentirte pequeño enorgullécete cada vez que tengas la oportunidad de decir NO SÉ, O NO ENTIENDO, pues aprenderás algo nuevo y ese día tendrá más sentido para ti.

Libérate del complejo de "acusado".
Tienes derecho a no dar explicaciones.

Si no haces exactamente lo que otros quieren, te acorralarán, obligándote a defender.
Siempre que ejerzas tus derechos de madurez: [2]
-Negándote a cargar con las culpas de otro
-Cometiendo errores y pagando por ellos
-Cambiando de opinión
-Diciendo "no sé" o "no entiendo"
Alguien te exigirá inmediatamente una justificación. En cuanto contestes, volverá a atacarte con otro "¿por qué?". A cada respuesta tuya, el manipulador tendrá razones para hacerte sentir tonto y te convertirás en el "acusado". Oye, libérate de ese complejo. **Tienes derecho a no dar explicaciones.**
*Si un manipulador te molesta o trata de que aceptes sus condiciones, no te enojes; manifiesta tu inconformidad serenamente con mucha perseverancia sin explicar nada más. Frente a una persona de mente cerrada que insiste en manejarte, necesitarás ser tenaz, pero sin salirte de tus cabales, diciendo claramente, en forma reiterativa, lo que deseas. No discutas ni trates de convencerlo con argumentos. Sólo di lo que quieres. Insiste aunque tus frases no contesten lo que él te pregunte, tal como si te hubieses tragado una grabadora que repite siempre lo mismo. La **perseverancia exenta de ira** desarma totalmente a los cerrados haciéndolos ceder aunque sea de mala gana. La fórmula clave es **persis-***

---

[2] Manuel J. Smith, *"Cuando digo no, me siento culpable"*, Ed. Grijalbo.

*tencia con serenidad. No lo olvides. Haz oídos sordos a las ame-
nazas del manipulador. Si él dice **no** UNA vez, tú dirás **sí** DOS,
si insiste SEIS veces, tú lo harás SIETE, si tiene ONCE frases para
hacerte caer, tú tienes DOCE para mantenerte firme. Así de simple, sin gritar, sin molestarte, repitiendo una y otra vez tu punto
de vista y evitando caer en el juego de contestar las preguntas o
dar explicaciones y excusas.*

Me distrajo en mi trabajo el ruido del micrófono dentro de la
sala. Las chicas habían comenzado su sesión. Cuando levanté la
vista había una joven muy bella de pie observándome. No era la
que me prestó el lápiz, pues ésta seguramente me vio tan concentrado que prefirió dejármelo. No. La que me miraba aparentemen-
te había llegado tarde y se había detenido antes de entrar a la sala
para estudiarme.

Me puse de pie y me volví a sentar. Cerré el libro. Lo abrí y
tartamudeé al decir que estaba esperando la reunión de Al-Anón.

—No molestaré. Me quedaré aquí. Sólo estoy leyendo.

La joven sonrió y dio la vuelta para dejarme en paz. Antes de
que entrara al lugar le pedí que esperara un momento, me paré
nuevamente y me acerqué para preguntarle en tono confidente:

—Dígame una cosa. Por pura curiosidad. ¿Cómo se llama
usted? ¿Qué tipo de grupo es éste?

La joven se hizo para atrás con una evidente mueca de desconfianza. De mis dos preguntas, ¿qué tenía que ver una con la
otra? Me miró con recelo y articulando lentamente contestó:

—Me llamo Lisbeth. El grupo es de autoayuda para mujeres
violadas.

Y cerró la puerta.

8

VIOLACIÓN

Lisbeth tenía la vista perdida en los recuerdos.

La avioneta había vuelto a despegar después de cargar combustible y nos hallábamos cruzando por una zona de calma absoluta. Por unos momentos ambos habíamos olvidado que estábamos haciendo un viaje.

—Cuando te vi esa tarde —confesó hablando muy lentamente—, concentrado en tu libro al grado de no haber escuchado a la chica que te pidió su lápiz ni a la dirigente que te invitó a salir de allí, me pareciste muy extraño. Yo era una de las invitadas para hablar en público esa noche. Iba un poco nerviosa, pero eso no me hizo pasar desapercibido el raro suceso de que un joven estuviese leyendo a la entrada de un grupo de autoayuda para mujeres.

—Y yo ya no pude proseguir la lectura después de que entraste al salón. Me dediqué a espiar la asamblea incapaz de creer que una mujer como tú *necesitara* estar allí —la abracé por la espalda—. Ahora platícame cómo llegaste hasta ese lugar. ¿Qué ocurrió con Martín después de que lo hallaron drogado?

Respiró hondo y echó un vistazo a su reloj.

—Falta poco para que lleguemos. No va a darme tiempo de relatar todo.

—Qué importa. Empieza ya.

—Zahid. Podríamos dar por sentados los hechos sin entrar en detalles.

—Ése no fue el trato.

—Lo sé pero —se detuvo—, me incomodaría mucho tener que recordar, además tal vez te sientas lastimado al oírlo.

La miré con un poco de molestia.

—De acuerdo —asintió—. Pero no digas que no te lo advertí.

Te conté que papá me llevó a ver a Martín, drogado, en una barriada oscura, que cuando volvimos a casa confesé mi embarazo y que todo mi mundo se derrumbó al verme rechazada por las personas más cercanas.

Estaba tirada en el piso cuando sonó el teléfono. Era el padre de Martín que insistía en preguntarme si yo sabía qué sustancias había ingerido su hijo.

Después de que el padre de Martín me dio santo y seña del hospital en el que estaban, dejé el auricular en la mesa para dirigirme a la calle. A mi alrededor todo era bruma, como si muebles y familiares estuviesen envueltos en una gasa que me impidiera distinguirlos.

—¿Adónde vas? —preguntó papá.

—Qué te importa —contesté.

—Son las once de la noche. No puedo permitir que salgas sola a esta hora.

—¿No puedes permitir? —comencé a carcajearme como una loca—, ¿y con qué derecho? Te lavaste las manos de tu responsabilidad, así que también renunciaste a tu autoridad sobre mí.

Papá se quedó clavado en su sitio sin poder articular palabra ante mi repentina recriminación.

Salí a la calle y caminé a grandes pasos como si en mi desesperada huida pudiera confundir al maligno fantasma que me había declarado suya. Me sentía ingenua, estúpida, seducida.

Di vuelta en una esquina y me enfrenté a un largo y solitario tramo de calle. Los automóviles pasaban a intervalos de cinco a diez minutos. Uno de ellos se detuvo delante de mí y esperó pacientemente a que llegara a su lado; los jóvenes tripulantes me aseguraron no haber visto mujer más bella esa noche y me preguntaron si deseaba ir a algún lugar. Les contesté que no y seguí caminando; adelantaron el vehículo para insistir. Los ignoré y, después de un rato, arrancaron haciendo rechinar las llantas y dedicándome algunas señas obscenas detrás de los cristales.

Me preguntaba una y otra vez ¿qué había visto en Martín? ¿Por qué cedí con él?

Cuando le dije que estaba embarazada prometió que respondería, pero aun si dejaba la droga para siempre, ¿me arriesgaría a casarme con él? En una sociedad machista ¿quién tenía más oportunidades de rehacer su vida?, ¿una mujer divorciada con un hijo o una madre soltera? Las opciones no eran muchas.

"Es mejor estar sola que mal acompañada", me dije, "aunque, a decir verdad, *es mucho mejor estar bien acompañada que sola*; si él se repone y hace su mejor esfuerzo", concluí, "tal vez me arriesgue a casarme; luchar por fundamentar una familia me hará sentir mejor que dejar a todo el mundo condolerse de mí y seguirme tratando como una niña boba que se equivocó. Además, si fracaso en mi matrimonio, de cualquier modo me sentiré mejor al haber puesto todo de mi parte."

La congoja volvió a invadirme y me limpié las lágrimas con furia. Debía levantar la cabeza y, sin sentimientos de vergüenza, salir adelante con mi hijo de una u otra forma, pero, ¿por qué me había pasado esto? Al ver que no me controlaba, troté un poco hasta que las fuerzas se me acabaron y me detuve. Me puse en cuclillas y solté a llorar inconsolable.

De pronto sentí la presencia de un automóvil detrás de mí. El ronroneo del motor a escasos metros de distancia me hizo darme cuenta de que alguien me observaba. El auto tenía las luces apagadas. No me moví. Tuve la premonición de que se trataba nuevamente de los jóvenes falderos. ¿Qué más podía ocurrirme? Me hallaba postrada, indispuesta para defenderme. Permanecí en el suelo unos minutos más, esperando sin voltear. Al ver que pasaba el tiempo y nadie se acercaba, el instinto de conservación me hizo ponerme de pie y echar a caminar con la cabeza agachada. Abrupta, repentinamente mi cuerpo chocó con el cuerpo de un hombre que estaba parado frente a mí. Me asusté. Levanté la vista. Era mi padre.

Nos miramos unos segundos.

Ya no había recriminación en sus ojos; había pena, preocupación.

Ya no había enojo en los míos. Solamente una gran tristeza.

Entonces lo abracé y me abrazó. Entre lágrimas le dije:

—Perdóname, por favor... Te fallé. Les fallé a todos. No sabes cómo me siento. Perdóname...

Él no articuló palabra. Durante un rato permanecimos enlazados y mientras estábamos así comprendí lo terrible que debe de ser para un padre ver a su hija desmoronarse, desviar su camino, renunciar a sus sueños, todo por una decisión sexual equivocada.

—Te amo, Lisbeth —dijo al fin con una voz vacilante—. El golpe fue muy duro para mí. Nunca imaginé que podía ocurrirte algo así *a ti*. No quise lastimarte.

Oí su "te amo" tan distinto al de unas horas antes...

Las lágrimas no me permitieron contestarle, ni a él le dejaron decir nada más. Padre e hija, abrazados en la oscuridad de una calle solitaria, intentábamos reconfortarnos mutuamente por un hecho que nos lastimaba en lo más profundo y transformaba para siempre nuestras vidas.

Me llevó al automóvil. Abrió la puerta y al hacerlo preguntó:

—¿Quieres ir al hospital?

Asentí.

Condujo en silencio. Me eché a sus piernas como una niña, la niña a la que él enseñó a nadar y a jugar tenis, la niña que siempre fue su orgullo y su alegría. Acarició mi cabeza diciéndome que nada había cambiado entre nosotros.

Llegamos al hospital y de inmediato encontramos a los padres de Martín.

—¿Cómo está? —pregunté.

—Grave. Disculpa que te haya llamado a la casa, pero los médicos deseaban, mejor dicho, *necesitaban* saber respecto a las sustancias o combinación de sustancias que había ingerido.

No cavilé, de momento, que el comentario del hombre me agraviaba al dar por sentado que yo era cómplice con su hijo, de consumir soporíferos.

Con ojos esperanzados vimos llegar a un médico. De inmediato los progenitores lo interrogaron y el galeno informó que el muchacho se hallaba grave, pues las pruebas indicaban que había ingerido una sobredosis de crack combinada con alcohol.

—Doctor —cuestionó mi padre de inmediato—, sé que no es el momento ni el lugar, pero dígame una cosa. ¿El muchacho tiene riesgo de haber contraído el *SIDA*?

—No. Despreocúpese a ese respecto. El tipo de droga que consume no es inyectada y eso lo exenta del mayor porcentaje de riesgo.

El padre de Martín caminó detrás del médico y nos quedamos solos con la obesa madre. Ella nos miró con cierto deje de perfidia. Tal vez se había molestado por la pregunta de papá o simplemente había hallado el momento de arrojar el veneno de su agusanada alma de madre posesiva.

—A mi pobre hijo siempre le ha ido mal —comentó—. Al pobrecito le han afectado mucho los problemas amorosos. Desde que se separó de su esposa no se ha repuesto. Las mujeres le han hecho mucho daño.

Por un momento creí que estaba hablando de otra persona. Fue mi padre quien reaccionó más rápido.

—¿Qué dice usted, señora? ¿Martín se había casado antes?

La mamá de mi novio se fingió turbada haciéndonos creer que se arrepentía por haber hablado "de más", pero sus frases fueron perfectamente calculadas.

—Sí —aclaró con fingida timidez—. Tenía dieciocho años y la mujer veinticuatro. Ella era una mañosa. Trató de atraparlo embarazándose. Y lo logró. Se casaron por el civil, pero sólo duraron juntos dieciocho meses. ¿Acaso no lo sabía usted?

Negué con la cabeza. Lo único que sabía de Martín era que trabajaba en una empresa vinícola como ejecutivo de ventas, que tenía un hermoso automóvil y un elegante porte, que decía ser ingeniero y que estaba dispuesto a formalizar su relación conmigo.

—¿Martín es ingeniero? —me oí preguntar.

—No. Siempre quiso serlo, pero cuando se casó, tan jovencito, tuvo que dejar de estudiar y ponerse a trabajar para mantener a su familia. Sólo llegó hasta segundo año de preparatoria. Le fue mal. Su esposa lo manipulaba.

—¿Y no trabaja en una compañía vinícola?

—Lo hizo, pero renunció. Lo explotaban. Su jefe era un tirano. Ahora le ayuda un poco a mi esposo. Es un muchacho muy bueno, pero se está reponiendo emocionalmente.

¿Un muchacho *muy bueno*? Y seguramente yo era, para la miope madre sobreprotectora, otra arpía que intentaba atrapar nuevamente a su inocente bebé. Sentí un coraje enorme. Todo lo que pudiera decir sería usado en mi contra.

—Vámonos, papá.

Mi padre me tomó del brazo y ambos dimos media vuelta sin despedirnos.

Él no comentó nada en el trayecto a casa. Tampoco volvió a preguntarme cómo fue que me dejé engañar. Estaba tan indignado como yo.

Semana y media después, recibí una llamada telefónica de Martín. Me negué a contestar. Papá me prohibió hablar con él y yo obedecí, sin embargo, como el joven insistía una y otra vez, pasados los días llegué a pensar que, al menos, debía darle la oportunidad de aclarar las cosas. Era el padre de mi hijo. ¿Quién me aseguraba que su mamá no inventó todo para alejarme de él y obligarme a enfrentar sola mi embarazo? Necesitaba saber realmente en qué me había engañado.

A escondidas concertamos una cita. Le dije que estaría esperándolo en la esquina, que pasara por mí, pues deseaba escuchar su versión. Sólo mi madre sabía de la entrevista secreta.

Cuando él llegó, ya no me sentí impresionada por su bello automóvil ni por su elegante aspecto.

—El coche es de tu papá, ¿verdad?

—¿Quién te lo dijo?

—Deja de fingir, ¿quieres?

—¿Adónde te llevo?

—A un lugar tranquilo para que podamos hablar muy claro.

Condujo con seguridad. Yo lo observaba de perfil, incapaz de creer que alguien tan apuesto pudiera ser tan falso.

—¿Ya no te drogas?

—Nunca lo he hecho —contestó sin mirarme—. Esa noche mis amigos me obligaron. Perdí el conocimiento. Fui víctima de una guasa.

No le creía, pero guardé silencio. Iba distraída en mis reflexiones y no me di cuenta de que estábamos entrando a un motel. Cuando el coche se detuvo miré a mi alrededor.

—¿Y esto? ¿Adónde me trajiste?

—Es un lugar tranquilo. Aquí podemos hablar con calma y en privado.

—Espérame un momento. Si crees que tienes derechos, estás muy equivocado. Primero vamos a poner las cartas sobre la mesa y a hablar de condiciones y responsabilidades.

—No seas ridícula. Tú y yo somos como esposos.

—¿Qué dices? —grité histérica— ¡Vámonos de aquí inmediatamente!

Azarado por mis exclamaciones encendió el motor del automóvil y salió del motel. Aceleró por la vía rápida y sus facciones fueron tomando un matiz de profunda amargura. Iba tan rápido que por un momento creí que deseaba matarme y matarse.

—¿Puedes conducir más despacio?

—¿De modo que no tengo *ningún* derecho?

Me agarré fuerte del asiento y comencé a sentir las gotas de sudor resbalar por mi frente. Salimos de la ciudad y nos internamos en una carretera solitaria.

—¿Adónde vamos? ¡Regrésame a mi casa!

El camino estaba en tan mal estado que parecía fuera de servicio. Finalmente nos orillamos en un paraje rodeado de árboles y detuvo el coche.

Al fondo del terreno había una pequeña cabaña de madera abandonada.

—Muy bien —dijo volviéndose hacia mí con los ojos inyectados de sangre—, ¿te parece bien este lugar para platicar de *condiciones y responsabilidades*?

Eché un vistazo a los lados. Estaba oscureciendo y no había forma de escapar o pedir ayuda.

—Sí —traté de mostrarme tranquila—, cuéntame sobre tu pasado y no te atrevas a mentirme. ¿Es cierto que te casaste a los dieciocho años y que tienes un hijo con otra mujer?

—Ella me manipuló. Yo era muy niño. No lo hice por amor. Puedo tratar de rehacer mi vida, ¿no crees? Contigo es diferente. Quiero formar un hogar de verdad.

Se acercó y me abrazó. Me puse tensa.

—Déjame —lo empujé—. Quiero que hablemos.

—¿De *condiciones y responsabilidades*? —se burló.

Me volvió a abrazar y comenzó a besarme la cara con mucha intensidad. Por un momento me quedé quieta sin saber qué hacer. Se mostraba realmente tierno en sus movimientos, pero la diferencia era que en esa ocasión sus besos me daban asco.

Imprevistamente bajó una mano para acariciarme el busto. Lo aparté con arrebato y me separé.

—Basta. No estoy dispuesta.

—Ven acá —me jaló nuevamente aprisionándome y esta vez su tono sonó protervo y furioso—. Eres mía, ¿no lo entiendes? ¿No te das cuenta de que nadie podrá quererte ya? Éstas son las cartas sobre la mesa: ¡Eres mía! No hay más que hablar.

—Déjame...

Me estrujaba con tal fuerza que comencé a sentir asfixia.

—Te deseo, te necesito —trataba de ser sensual pasando su asquerosa lengua por mi cuello y oreja.

Me debatí asustada.

—No me digas que no te gusta hacer el amor. La vez anterior cooperaste más. ¿Qué te pasa? ¡Disfrútalo!

—No puedo respirar.

Me soltó y comenzó a desabotonarme la blusa. Lo vi como a un extraño.

—Por favor —lo detuve.

—Eso mismo te digo yo, por-fa-vor... —y me volvió a inmovilizar con un abrazo.

¿Qué era eso? ¿Seducción violenta o violación sutil?

Sin permitirme mucho movimiento terminó de abrirme la blusa y me arrancó el sostén. Yo estaba aterrada. Cuando me resistía se mostraba terriblemente hosco y me apretaba los senos con tanta fuerza que lastimaba, pero cuando me quedaba quieta, se mostraba amable y hasta cariñoso.

—No me gusta este lugar para hacer el amor —le dije intentando disuadirlo de que parara y ganar tiempo—. Tenías razón, ¿por qué no vamos al hotel?

Se detuvo y pareció estar de acuerdo. Arrancó el motor. Me apresuré a acomodarme la ropa.

Cuando todo indicaba que nos iríamos de allí, dio la vuelta a la llave y apagó el auto.

—¿Estás tratando de pasarte de lista?

—No, mi amor.

Le toqué un hombro, pero me notó nerviosa y me agarró.

—Harás lo que yo te diga donde yo lo diga. Así que vuelve a desabotonar esa blusa.

En ese momento salieron dos jóvenes de la deteriorada cabaña de madera. Saludaron a Martín con la mano y se acercaron.

Al verlos caminar detecté que les costaba trabajo mantener el equilibrio.

—Yo pensé que no había nadie —dijo mi raptor como quien se dirige a los miembros de su familia.

—Aquí estamos —contestó uno de ellos—, sólo nosotros...

—¿Tienen polvo?

Entonces me di cuenta de que estaba atrapada.

Abrí la puerta del coche e intenté huir, pero mi movimiento fue tan rápido e impensado que caí al suelo junto al coche. Martín se estiró acostándose sobre el asiento y me atrapó una muñeca. Los enajenados se apresuraron a ayudar a su amigo.

—¿Se quiere escapar la nena?

—Es una zorra...

Los recién aparecidos comenzaron a brincar como incluyéndose oportunamente en el juego. Uno de ellos se acercó, puso un zapato sobre mi antebrazo para que no pudiera levantarme mientras Martín terminaba de descender del carro y se bajaba la bragueta del pantalón. Su gesto era cruel y decidido. Me miraba de una forma que yo no conocía en él. Terminó de sacarse los genitales y se sentó en mi vientre inmovilizándome.

Los dos mirones se reían.

—Come.

—Suéltame, cerdo —escupí e hice la cabeza a un lado.

Se adelantó para aplastarme los brazos con sus rodillas y una vez con las manos libres me enderezó la cabeza para obligarme a mirarlo.

—Por favor —le supliqué—. Vas a dañar al bebé.

—Cállate —alzó mi cabeza y me azotó—. Lo estás echando todo a perder.

Lo miré aterrada. ¿Por qué me golpeaba? Aún no entendía que había surgido en él un deseo irracional de poseerme, de imponerse sobre mí. Sonrió con desprecio y volvió a golpearme la nuca contra el piso una y otra vez. Comprendí que mi vida peligraba.

Muchas veces escuché que en una violación es mejor no resistirse, pues sólo se trata del acto sexual, pero en realidad eso **no** es un acto sexual, es un ataque bajo y denigrante. Semanas después, en el grupo de autoayuda escuché el testimonio de una mujer a la que le introdujeron una botella que luego le rompieron adentro. Tuvieron que darle veinte puntadas y estuvo a punto de morir.

¡Si puedes defenderte —me dije—, hazlo y ahora!

En mi infancia estudié artes marciales, pero era una disciplina compleja que llevaba años dominar; más que karate una mujer debe desarrollar la autoconfianza, la agilidad para gritar, correr, clavar las uñas en la garganta, dar puñetazos en la nariz, meter los dedos en los ojos, golpear los testículos y algunos otros actos que más que fuerza requieren maña y decisión. En ese instante, mi sexto sentido me indicaba que si me resistía me mataría, pero mi autoestima se rebelaba a ser denigrada de esa forma.

Cruzó por mi mente la idea de morderlo, pero dudé y se dio cuenta.

—No te atrevas.

Me abofeteó cuatro veces con la mano abierta.

Sentí que la cara me reventaba de ardor.

Se puso de pie y al instante aproveché para levantarme a medias y correr, pero uno de los amigos me atrapó de los cabellos.

—Ven acá.

Entre los tres, a tirones me quitaron una a una mis prendas de vestir hasta dejarme totalmente desnuda. Me arrojaban de los brazos de uno a los de otro sin dejar de reír. Martín sólo se bajó el pantalón. Me hizo girar poniéndome de espaldas y, por la fuerza, me obligaron a agacharme. Fue muy doloroso. Grité, lloré, pero no había nadie cerca.

—Así, protegeremos al bebé.

Caí en una especie de trance, como si mi alma hubiera abandonado el cuerpo por unos momentos para disuadirme de lo que estaba pasando.

Cuando se habla de abuso sexual solemos pensar: "eso a mí no me ocurrirá", pero conservadoramente se sabe que al treinta por ciento de las chicas les ocurre. Cualquier mujer puede ser víctima de una violación. De la misma forma, cualquier hombre puede violar. La mayoría decide no hacerlo. Las mujeres en cambio no pueden decidir. Además existe un agravante terrible y poco comentado. Tres cuartas partes de los abusos, según la encuesta para la seguridad de la mujer, fueron realizados por gente muy cercana: novios, amigos, compañeros de escuela o trabajo, jefes y familiares. Se tiene la falsa creencia de que los violadores son seres desequilibrados que salen en las noches enmascarados y armados y, aunque los hay de ese tipo, son los menos. Por lo regular el hombre que fuerza una relación, lo planea, fantasea con la idea antes de llevarla a cabo y con demasiada frecuencia la víctima vive cerca de él, a veces en la misma casa o colonia.[1]

No recuerdo lo que me obligaron a realizar después. Y lo que recuerdo no quisiera comentarlo. Aún ahora me parece difícil de concebir y expresarlo en palabras. Los tres estuvieron haciéndome todo tipo de ultrajes por más de una hora. Lo más absurdo fue que cuando terminaron, me obligaron a vestirme y a subir al auto como si nada hubiese pasado. Los amigos se sentaron en el sillón trasero y Martín condujo el coche de regreso a la ciudad.

—A todas las mujeres les gusta un poco de fuerza —teorizó—, les agrada provocar y cuando consiguen lo que buscan, estoy seguro de que no pueden dejar de disfrutarlo también.

Era increíble lo que estaba oyendo. Ahora sé que ésa es una idea muy generalizada. Muchos chistes, cuentos y hasta películas demuestran la grotesca escena de una joven que ansiaba ser violada y que inclusive al ser poseída deseaba más. No hay nada tan absurdo y perjudicial para nuestra sociedad que hacer ese tipo de bromas estúpidas. Es fácil reírse de lo que no se entiende. Es cierto, la mujer puede disfrutar un acto sexual, de la misma forma que

---

[1] Jane Dowdeswell, *"La violación: Hablan las mujeres"*, Ed. Grijalbo.

un varón puede disfrutar, por ejemplo, un momento de compañía con su hijo mientras le enseña a nadar, guardando la respiración debajo del agua, sin embargo, yo me atrevería a preguntar si ese mismo hombre disfrutará guardando la respiración con la cabeza dentro de un excusado lleno de mierda obligado por un sujeto armado. No se puede comparar un momento de entrega amoroso con una ofensa humillante y perversa.

En el camino de regreso, uno de los amigos de Martín dijo que la próxima vez me invitarían a ver una de sus películas para que me relajara más y así no tuvieran que lastimarme. Hoy sé que la pornografía fomenta las violaciones. Escenas en las que se utiliza a la mujer sexualmente y con violencia modifican la forma de ver las cosas para muchos hombres y aunque la mayoría nunca hará nada malo, otros pocos se atreverán a hacerlo, excitados por las modalidades sexuales a las que se están familiarizando a través del cine sucio.

Cuando llegamos a mi casa, abrí la puerta y di grandes pasos, pero en el jardín delantero, antes de llegar a la puerta, me detuve hecha pedazos.

Vi a través del cristal de la sala la silueta de mi padre que caminaba en el interior.

9

DIFERENCIAS SEXUALES

Me solté el cinturón de seguridad e intenté ponerme de pie en la avioneta. El techo era tan bajo que sólo logré dar un paso encorvado. Estaba furioso, verdaderamente afectado. Pocas veces había sentido tanta rabia en mi vida.

—¿Qué ocurrió con ese maldito? —le pregunté a mi esposa—, ¿se murió? Porque si está vivo es mejor que se cuide.

—¿Lo ves? Te dije que era preferible no hablar de esto.

Me derrumbé en el asiento y cerré los ojos. Recordé cómo el líder de nuestro grupo forzó a una joven precisamente después de que estuvimos excitándonos en un centro de nudismo; era virtualmente imposible poseer a las chicas que se exhibían sin ropa, en aquellas mesas, pero saliendo de la zona controlada, había muchas indefensas, a disposición, como nos demostró el dirigente de la pandilla. El peor castigo para mí era saber que, aunque no participé, tampoco impedí la violación de una mujer cuando la presencié y que esa mujer pudo haber sido mi esposa...

—Termina, por favor.

Quise correr hacia mi padre, llamarlo, pero no me moví. ¿Era lógico quejarme de haber sido violada después de contravenir órdenes muy claras, citándome con el joven con el que antes tuve relaciones sexuales? ¿Quién me creería? Y en todo caso, ¿a quién le importaría? Si descartaba la participación de los dos espontáneos, mi posición era similar a la de una mujer casada que pretendiera acusar a su esposo de abuso sexual. En la sociedad se da por sentado que si consentiste una vez, estás obligada a consentir siempre.

Oí el carro de Martín que se iba. Estaba deshecha moralmente. Me sentía sin fuerzas, como una muñeca inútil a la que se le ha acabado la cuerda para siempre.

Después de un rato salió mi madre. Me preguntó qué me pasaba y le dije que nada, pero tampoco me moví. Ella detectó algo raro y quiso adivinar.

—¿Lo ves? —se acercó—. Ese joven no te responderá. Vamos a tener que aceptar la idea.

Asentí. Me rodeó la espalda con su brazo.

—Pero cambia de cara. Si no quiere casarse, tal vez sea mejor —caminó llevándome hasta la casa—. Sé que debes de estar muy decepcionada, pero no te preocupes. Todo mejorará. Cuéntame, ¿le hablaste claro?, ¿le hiciste ver sus obligaciones y responsabilidades? ¿Qué te contestó? ¡Por Dios! ¡Te ves muy mal! No te aflijas tanto...

Me negué a decir una sola palabra. Anduve realmente ida, como muerta venida del más allá. Fui directo a mi habitación con pasos lentos y mecánicos. Ella me siguió, pero se detuvo en el corredor al verme indispuesta a hablar. Cerré la puerta en su cara, puse el seguro y me derrumbé en el suelo.

Pasé la noche tirada, quieta, atrapada por el peso de un peñasco que me laminaba. Me sentía asquerosa, nauseabunda, repugnante; sumida en la inmundicia, sin ánimos de salir. No era, ante mis ojos, más que un despojo humano, una bola de porquería, víctima de una putrefacción nunca antes imaginada. Como el principal abusador era alguien tan cercano, me sentía un poco culpable de haberlo provocado. Nada es más paralizante que creerse partícipe y responsable de algo así. La *energía de autoestima* se va al suelo drásticamente.

A las ocho de la mañana, mamá comenzó a tocar la puerta de mi habitación.

Desperté y logré levantarme muy despacio para ir al baño. Mis pasos eran vacilantes como los de un minusválido que está aprendiendo a caminar. Abrí la ducha y sin templar el agua me introduje vestida al chorro helado. Lo que fue un gesto de masoquismo se convirtió en estímulo que me hizo reaccionar; el agua fría activó mis células y propició que la depresión fuera sustituida por un gran coraje. Me quité la ropa y salí a buscar en el mueble del lavabo los enseres de limpieza para el excusado. Tomé desinfectante en polvo, piedra pómez y fibra metálica, regresé a la regadera y comencé a restregar mi cuerpo con mucha fuerza. En algunas partes me produje rasguños profundos. Deseaba mudar de materia, cambiar de piel, convencerme de que la gente no notaría mi pestilencia. Me vestí con una prenda de manga larga y cuello alto para que nadie notara las heridas que me hice al lavarme; no me arreglé, ni me peiné.

Fui al Colegio en busca de mi maestra de psicología. Entré al aula en la que se encontraba impartiendo cátedra sin pedir permiso.

—Voy a acabar con mi vida —pronuncié apenas se volvió para mirarme; mi voz sonó temblorosa.

La clase se interrumpió.

—Hola, Lisbeth. ¿Hay algún problema?

—Voy a matarme.

—¿Qué dices? —la profesora se acercó alarmada al adivinar en mí una angustia legítima.

Los estudiantes me observaban callados. No me moví.

—Siéntate —me invitó—. En cuanto termine la clase hablamos.

Negué con la cabeza, di la media vuelta y salí de ahí.

—¡Detente! —ordenó caminando detrás de mí; no obedecí.

Me alcanzó y me hizo volver hacia ella.

—¿Qué te pasa?

—¡Odio a toda la gente! Tengo miedo de caminar por la calle, me siento una basura rodeada de más basura. Veo a los hombres y pienso que son animales. He perdido la ilusión de vivir. Y el hijo que llevo dentro... Hace unos días me consolaba. Ahora quisiera destruirlo.

La psicóloga se quedó gélida observándome. Tiempo después me confesó que se sintió impactada al comprender que mi problema era serio en verdad.

—Vamos a mi privado.

—¡Si te ultraja una persona en quien confías —grité ignorando su invitación—, no puedes volver a confiar en nadie más! ¿Me entiendes?

Entonces comencé a desahogarme. Fueron momentos muy fuertes e importantes para mí. La psicóloga me escuchó atentamente, grité, lloré y maldije en medio del patio sin importarme la mirada curiosa de los transeúntes. Mi catarsis fue tomando diferente tonalidad al paso de los minutos y comencé a desear mayor privacidad.

Caminamos a la oficina. Después de franquearme me sentía mejor, como una agonizante que acababa de vomitar la mayor parte del veneno que la estaba matando. Le pedí permiso de entrar a su tocador. Al verme al espejo tuve vergüenza de mi aspecto. Me aliñé el cabello y acomodé mi sudadera. Observé las heridas de mis brazos y me volví a cubrir. "Esto", me dije, "no se quedará así".

Salí con gesto decidido y comenté:

—El que a los varones se les deleguen las labores públicas, políticas, financieras, empresariales, y a la mujer las privadas, hogar, hijos, casa, supone para muchos hombres un derecho a imponerse sobre nosotras y a pisotear nuestros deseos, lo mismo que para muchas mujeres supone la creencia de no tener derecho a defenderse. Pero yo no me cruzaré de brazos. Voy a denunciarlos. No importa lo que pase, llegaré hasta las últimas consecuencias hasta verlos pagar muy caro su acción.

Asintió lentamente y me recomendó:

—No hagas eso sola.

—¿Por qué no? Siempre he estado sola.

—Pero tienes padres y hermanas.

Por un momento no supe cómo contestar.

—Prefiero no involucrarlos.

—¿Por qué? **Una familia lo es, en la medida en que sus miembros puedan permanecer juntos, apoyarse y darse amor en las buenas y en las malas...**

—Tal vez... pero no estoy segura de poder compartirles *esto*...

Me puse de pie. La profesora guardó silencio. Finalmente preguntó:

—¿A mí, me permitirías acompañarte?

Sonreí.

—Claro. Gracias.

Estuvimos casi todo el día en el Ministerio Público. Tuve que realizar declaraciones detalladas y pasar por una revisión médica especial. Contrariamente a lo que me había imaginado, la doctora fue muy amable y cuidadosa. Mientras pasaba el examen, pensé que en cierto sentido yo era afortunada pues a algunas mujeres no les va tan bien con las autoridades como me estaba yendo a mí.

Di todos los datos de Martín, dije cuándo y dónde podían aprehenderlo. Mi maestra y yo acompañamos a un inspector judicial hasta el paraje en el que fui violada y se levantó un acta de las pruebas encontradas allí. Aún estaban las huellas de las llantas en la tierra y un par de botones de mi blusa. Revisaron la cabaña y no encontraron nada. Finalmente, los expertos me aseguraron que pronto detendrían a los transgresores y que yo debería comparecer. Me recomendaron que para entonces consiguiera un abogado.

—No es obligatorio —explicaron—, pero le ayudará mucho en el careo. Aún falta lo más difícil. No sé si atrapemos a los otros dos, pero al menos Martín argumentará que usted lo hizo voluntariamente. Este tipo de juicios son largos y difíciles para la mujer. La mayoría desiste de su acusación después de haber soportado un sinnúmero de calumnias.

—Conseguiré ayuda legal.

—Hay un grupo de apoyo para mujeres donde podrá hallar a alguien especializado.

Me dieron una tarjeta con los datos.

Salimos cerca de las seis de la tarde exhaustas. Mi maestra me invitó a comer una hamburguesa.

—Odio a los hombres —reiteré apenas estuvimos cómodamente sentadas en el restaurante de comida rápida—, son unos malditos. ¿Viste cómo nos miraban los policías? Apuesto a que preguntan más por morbo que por investigación. Todos son iguales. De eso no hay duda.

Movió la cabeza en señal de desacuerdo. Tardó en contestarme. Ya no estábamos en terapia. Ahora éramos dos amigas que podían intercambiar ideas.

—Los seres humanos tenemos la tendencia inconsciente de convertir experiencias particulares en leyes generales —comentó—. De este modo decimos que *todos* los de determinada raza son sucios, los de tal nación materialistas, los de otra promiscuos, éstos ladrones, aquéllos flojos. Pero eso es una gran mentira. Los errores de unos cuantos no son los errores de la totalidad. Es verdad que existen algunos malvados, pero la aplastante mayoría somos gente buena. Hombres y mujeres.

—No lo creo —rebatí ofuscada—. Este mundo es un sitio de vileza. Lo dicen los noticieros a todas horas.

—¿Por qué te cierras en esa idea, Lisbeth?

—¡Porque así es!

—¡Te equivocas! —se inclinó hacia adelante como tratando de enseñarme algo muy obvio que yo no veía—. Los periódicos, televisión y cine venden *noticias*. Ellos se dedican a buscar sucesos sensacionales y los pregonan como si se tratara de los *únicos* sucesos. Si un hombre comete un ilícito sale en primera plana, pero si, ese mismo día, millones de hombres trabajan honradamente para llevar a su casa el pan, nadie lo reconoce; si una mujer mata a sus hijos, será todo un caso, pero si centenares de madres no durmieron anoche cuidando a su hijo enfermo, el mundo lo ignorará. Sé que lo que te pasó ayer es muy doloroso, pero **eso no indica que *todos* los hombres sean iguales**. Hay muchos con una calidad humana extraordinaria que viven y creen en los valores de honestidad y respeto. **Condenar a la humanidad masculina sería tan ilógico como querer acabar con todo el reino animal sólo porque fuiste mordida por un perro.**

—Eso se puede comprender —dije casi llorando—, pero me siento ultrajada, inservible sexualmente, nadie me va a querer así…

—¿Qué dices? ¡Tu postura es absurda! **Lo que arruina la vida no es un acontecimiento sino la interpretación que se le da.** Es cuestión de ideas. No te cierres. Lo que para una cultura es normal, para otra puede ser una vileza. Si tú dices "es el fin", lo es. Si, por el contrario, dices "La verdadera *yo* está intacta, me niego a tomar el veneno de la ofensa", entonces no pasó nada, estás sana, sólo sufriste un accidente como cualquier otro…

—Tal vez tengas razón —la interrumpí—, pero estoy llena de odio...

Mi maestra se quedó callada por un largo rato. Miró el reloj y profirió:

—Te será muy útil escuchar el testimonio de otras personas que han vivido lo mismo que tú. Sería bueno que asistieras hoy al grupo. Si nos apresuramos, podremos llegar a tiempo.

Terminamos de comer la hamburguesa sin hablar más, nos levantamos y salimos.

Me llevó al domicilio y se despidió de mí, disculpándose por no poder acompañarme.

Las mujeres de la reunión se veían alegres, bien arregladas con rostros afables. Por un momento creí que eran actrices entrenadas para dar una apariencia banal a la tragedia de quienes realmente sufríamos; "ésto es un circo", me dije.

Al verme entrar, me invitaron cortésmente a una silla especial. La sesión ya había comenzado.

Una experta invitada hablaba al frente.

—Muchas de ustedes se habrán preguntado alguna vez, ¿por qué los hombres y las mujeres no vemos el sexo de la misma forma? —decía la expositora—, ¿por qué nos resulta tan difícil adivinar las verdaderas intenciones de nuestros amigos y compañeros varones?

Miré a mi alrededor. El lugar era acogedor y silencioso. Había unas treinta personas de todas las edades. La voz de la experta invitada volvió a atraparme.

—La ley de Pareto para las relaciones entre hombre y mujer, diría: **Los varones, reaccionan 80% con sexualidad y 20% con romanticismo. Las mujeres, en cambio, 80% con romanticismo y 20% con sexualidad.** Eso **no** significa que los hombres sean entes lascivos y las mujeres ángeles idealistas, significa que en nuestro diseño integral como individuos, sexualidad y romanticismo se entremezclan, arrojando una amalgama especial. El hombre, matizado por ambas conductas, puede resultar naturalmente polígamo, fácilmente excitable con la contemplación del cuerpo femenino, entusiasta ante el deseo de conquistar o dominar. Asimismo, la mujer puede ser más consciente del amor, el servicio, el hogar, la estabilidad emocional y la paz. Pero estas tendencias no significan que uno y otro sean *SÓLO* así. Con su 20% de romanticismo el hombre también sabe ser caballeroso, poeta, bohemio, y la mujer en su 20% de erotismo es sensual, provocativa, apasionada y activa en la intimidad. Sin embargo, esto último tampoco le quita a las personas su parte dominante. **Hombre y mujer cometen el garrafal error de considerarse iguales el uno al otro y con esas bases se relacionan.** Los varones creen que nosotras podemos sentir el mismo deseo sexual, de la misma forma que las mujeres creemos que los hombres están vibrando en la misma frecuencia de romanticismo. Cuando se apresura una relación, él se aventura a suponer que puede despertar en ella un deseo similar y ella, en ocasiones, se atreve ingenuamente a creer que hallará la delicadeza en él. A la fuerza no hay consenso. Sólo madres solteras, mujeres abandonadas, hombres decepcionados por la frialdad de su pareja y una gran frustración mutua...

No pude comprender la importancia de sus conceptos. Sólo tiempo después me fue posible calibrar la grandeza de cuanto escuché esa tarde. Mi reacción inmediata fue de enfado. Yo deseaba oír la forma en que participaríamos en alguna manifestación femenina o en alguna unión beligerante para contraatacar al sexo opuesto.

Levanté la mano y hablé sin esperar a que me dieran la palabra:

—Los hombres insisten en tratarnos como objetos sexuales y luego nos desprecian por haberles permitido lo que tanto pedían. ¿No le parece que ya es hora de actuar, en vez de estar aquí sentadas, filosofando?

En el salón se hizo un silencio absoluto, pero no pesado. Había un hálito de comprensión perceptible, cual si todas las presentes, al verme, se estuviesen viendo a sí mismas, retrospectivamente, en un espejo.

La doctora respiró hondo y se decidió a contestar caminando hacia mí.

—Cuando no comprendemos las cosas, creemos que son injustas. Si las mujeres supiéramos lo que estoy explicando, nos evitaríamos muchos problemas —llegó a un metro de distancia y me habló con energía y suavidad, sin dejar de verme a la cara, cual una madre que estuviese dando a su hija la explicación definitiva de su origen—. No quiero que tomes a la ligera lo que voy a decirte, ni que creas que estoy haciendo doctrina impráctica o tratando de darte un sermón.

Asentí observando a la doctora, cautivada por la fuerza de su voz.

—No vamos a cambiar el mundo aquí —continuó—, pero, para ser feliz en él, a pesar de la adversidad que hemos vivido, trataremos de comprenderlo mejor: todas nosotras desde los doce o trece años comenzamos a menstruar, ¿de acuerdo? Bien, como adolescentes, el periodo, lejos de producirnos un goce físico, nos ocasionaba molestias y alteraciones de ánimo severas. Ahora escúchame: igualmente los hombres de la misma edad comienzan a tener un ciclo hormonal, en el que su organismo desecha también cuanto no necesita. **La primera diferencia** es que su ciclo no es periódico. Ocurre involuntariamente al principio, en los llamados "sueños húmedos", y posteriormente, muchas veces, provocado por ellos mismos. **La segunda y más importante diferencia** es ésta: El proceso de expulsar el semen producido en su cuerpo les ocasiona un gran placer sexual. **Para la mujer cada menstruación es una incomodidad; para el hombre, cada eyaculación es un orgasmo, un clímax físico, una experiencia deliciosa.** La muchacha, aunque puede excitarse sexualmente ante determinados estímulos, por lo regular *ni idea tiene* de lo que ha sentido su hermano, novio o compañero escolar. No conoce los parámetros de placer orgásmico de los que gozan sus amigos varones. Es bueno para las chicas saber desde la adolescencia **que los hombres buscarán repetir sus placenterísimas experiencias físicas** y que para ello, *algunos*, **serán capaces de pagar dinero, fingir amor y hasta forzar...**

—¿De modo que su constitución glandular los justifica a violar? —pregunté.

—No. Los instintos no disculpan a nadie de ataques o humillaciones. Incluso, muchas de las aquí presentes saben que con frecuencia el móvil del abuso sexual no es el sexo, sino la dominación brutal de un enfermo acomplejado. Las mujeres estamos de acuerdo en que a todos los violadores debería aplicárseles la pena máxima, pero a los hombres normales con quienes convivimos a diario no podemos satanizarlos. **Debemos, eso sí, comprender que sus cuerpos tienen un diseño hormonal diferente, más sexual, más excitable;** eso es todo; su intensa atracción erótica es biológicamente natural desde la adolescencia misma, pero ellos, a la vez, **tienen un espíritu idéntico al nuestro, un alma con necesidades de realización, misión y servicio similares a las nuestras.**

Agaché la cabeza medio convencida, medio rebelada. Después de unos segundos volví a opinar en voz alta:

—Eso suena muy lógico, pero, ¿no le parece que cada persona debería ser **responsable** de su sexualidad? El máximo del absurdo es hacernos creer que la mujer es responsable de la sexualidad del hombre. Todos dicen: *"Él llega hasta donde ella lo permite. Fuiste violada porque te lo buscaste, ¿qué esperabas vistiendo así?"*

—De acuerdo —contestó—. Es injusto, pero no hay por qué romperse la cabeza. Para un hombre, el control de sus instintos está más ligado a la madurez mental y espiritual que a los buenos propósitos. **Un inmaduro es, por tradición, mujeriego y promiscuo;** por eso las mujeres prudentes debemos saber cuidarnos. El hombre se excita fácil y rápidamente ante los estímulos. **Exhibir nuestros atributos sexuales nos pone en la mira no sólo de los que tienen templanza sino también de los que no la tienen.** Jugamos a atraer a alguien sin conocer su madurez intrínseca y con frecuencia las cosas se salen de control. Nos mostramos como señuelo y luego nos quejamos de ser tratadas como objetos sexuales. **La sexualidad es para disfrutarse en privado con tu pareja íntima en un ambiente de amor, de donación total** y es algo muy hermoso, por eso *no hay necesidad* de ostentar volúmenes a los cuatro vientos ni dar permisos de caricias cuando no estás bien segura de la fortaleza e interés afectivo real de tu compañero.

Comenzaba a comprender el mensaje. Ciertamente si a las mujeres se nos enseñara, desde pequeñas, a ver las cosas como realmente son, nos evitaríamos muchas decepciones.

Miré a mi alrededor y descubrí los cálidos y amistosos gestos de las presentes.

—Yo vine —comenté sintiendo que la congoja volvía a atraparme—, porque demandé a mi ofensor y en la Procuraduría me dijeron que aquí encontraría asesoría legal.

La dirigente del grupo se puso de pie y caminó hasta quedar a un lado de la invitada.

—Has venido al sitio correcto. Mujeres que denuncian y sostienen una demanda formal para el violador son grandes mujeres, **porque ejercen cabalmente su derecho de defenderse** y, sobre todo, porque están salvando a otras mujeres de sufrir la misma suerte. En este grupo asesoramos, apoyamos y ayudamos a quienes desean denunciar, pero **es una decisión totalmente personal** y no obligamos a nadie a hacerlo. Todas tenemos derecho a elegir la mejor forma de recuperar la confianza en nosotras mismas. Las sesiones aquí están encaminadas a reparar nuestra autoestima, a liberarnos del odio, el rencor, el miedo y de la terrible carga de creer que se nos ha quitado algo irrecuperable. **Nadie nos ha quitado algo, seguimos valiendo igual o incluso más que antes, pues lo que verdaderamente somos no tiene nada que ver con la genitalidad, sino con la pureza de nuestro corazón, la grandeza de nuestras ideas y el equilibrio de nuestro ser**. Perdonar es un acto liberador y, aunque tú no lo creas, es privativo de los seres espiritualmente superiores.

No pude rebatir tales sentencias, más por la forma sincera y afectuosa en la que habían sido expuestas, que por la convicción que me produjeron en ese momento. Mi cabeza estaba hecha un caos. Agaché la cara, vi mi vientre y recordé al hijo que llevaba adentro. Los sentimientos hacia él habían cambiado radicalmente después de la violación. Era mío, pero también era de aquel monstruo al que yo estaba dispuesta a refundir en prisión... Sentí la cercanía de varias compañeras que se habían puesto de pie para consolarme. El grupo me brindaría ayuda, eso era evidente, pero no iba a poder solucionar *todos* mis problemas...

10

VENGANZA

El piloto de la avioneta nos informó por la precaria bocinita que habíamos iniciado nuestro descenso. Pronto estaríamos en tierra. Me sentía apaleado por el relato de mi esposa.

Cerré los ojos y recordé nuevamente la forma en que la conocí. Ella ya formaba parte activa del grupo para mujeres. Yo estaba esperando la reunión para familiares de alcohólicos y por accidente la vi pasar al frente y decir unas palabras.

—¿Sabes? —le confesé hablando muy bajito—, cuando te oí hablar en público tuve un tremendo impacto emocional. Tú no eras una teoría, eras una muestra viva de que *sí* era posible liberarse.

—Nunca me has platicado cómo lograste oír lo que dije esa tarde frente al grupo.

—Fue sencillo. Cuando te vi llegar y me dijiste qué clase de sesión era ésa, me quedé en la puerta, cautivado por tu estilo. Dejé el libro sobre la silla y caminé de un lado a otro hasta que encontré una abertura en los canceles de tablarroca. Me detuve ahí con disimulo y comencé a espiar la velada.

—¿Comenzaste?

—Sí. El cuidador me descubrió. Dijo enfadado que debía esperar fuera mientras acababa la reunión de mujeres. Salí a la calle hecho un mar de confusión. De pronto recordé la amenaza latente de mi ex pandilla y tuve el presentimiento de algo malo. No sé por qué Alma me vino a la mente con gran intensidad, como si tuviese la certeza de que corría algún peligro. Tomé un autobús urbano, bajé en la esquina de mi casa y subí las escaleras a grandes saltos. Apenas metí la llave en el cerrojo de la puerta exterior las sospechas se hicieron realidad y *supe* que algo andaba mal... Me recibieron con una pistola en la nuca.

Con el sobrecogimiento de percibir un gélido cañón apuntándome, levanté las manos y miré a mi alrededor alerta, como si me encontrara de repente en un juego de vida o muerte.

—Camina y no voltees.

Obedecí angustiado y quise murmurar:

—Llévense lo que quieran pero respeten mi vida y la de mi familia.

—¿Qué dices? —el sujeto me dio un empujón; tropecé y caí frente a él—, no susurres frente a mí.

Quise quedarme postrado en ese lugar, pero el agresor me pateó para hacerme llegar hasta la escalera de caracol que comunicaba ambos departamentos. Volvió a ponerme la pistola en la cabeza y me obligó a subir. En la recámara de Ro, se hallaban mi abuela inválida, tirada en el piso sin su silla de ruedas, mi tío inconsciente y mi madre amarrada de manos y pies. Me levanté más en ademán de reclamo que intentando defenderme y al hacerlo, sin aviso ni razón, recibí un fuerte golpe en el rostro con la cacha de la pistola.

Mi caída fue drástica. Quedé en el suelo inmóvil con los ojos cerrados. El sujeto creyó que me había desmayado y no se molestó en atarme. Quitó la llave de la cerradura que estaba insertada por dentro y ocluyó la puerta asegurando el pestillo externamente.

—¿Estás bien? —preguntó mi madre que se encontraba inmovilizada a escasos dos metros de distancia.

—Sí —contesté incorporándome con lentitud—, ¿tú?

—También.

Me hinqué a su lado.

—¿Y papá? —comencé a desamarrarla—, ¿y Alma?

—Tu padre está en la sala. Borracho. Alma se escondió.

—¿La viste? ¿Está a salvo?

—Cuando tocaron la puerta, ella abrió, los tres sujetos empujaron para entrar, se apartó y corrió. De inmediato me agarraron a mí. Grité con todas mis fuerzas y entonces Ro bajó por la escalera interior para ver de qué se trataba. Lo golpearon. Lo arrastraron hasta aquí. Vienen armados.

Volteé a ver a mi abuela que estaba concentrada en sus rezos. Tenía el rostro agachado y las manos juntas, segura de que era lo único y lo mejor que podía hacer. Así era.

—¿Qué quieren?

—Me pidieron dinero, les dije que no teníamos.

No comenté a *qué dinero* podrían referirse ni pregunté si ella sabía dónde lo había guardado mi padre.

—Esculcarán la casa y, cuando no encuentren nada, se irán.

—No estoy tan segura.

Yo tampoco lo estaba. A ellos les interesaba recuperar sus billetes, pero, sobre todo, querían cobrarse la afrenta. Me pregunté por qué, si era obvio que se trataba de la pandilla, los tres individuos traían el rostro oculto.

—Tú los conoces, ¿verdad?

Terminé de desatarla y me puse de pie.

—Están enmascarados, mamá, ¿cómo voy a conocerlos?

Abrí la ventana y toqué los barrotes de acero verticales que mi tío Ro había instalado como protección muchos años antes. La corrosión había desprendido uno de ellos de la parte superior y, haciendo la suficiente fuerza, era factible abrirlo ligeramente para salir.

Me quedé paralizado al escuchar un alarido desgarrador de Alma.

Miré a mamá.

—¡Atraparon a tu hermana!, por favor —me suplicó—, ¡haz algo...!

Traté de separar los barrotes; requería mucha más fuerza de la que había calculado. Logré meter la cabeza con dificultad y luego el tórax. Me sentí asfixiar. La adrenalina me ayudó para abrir un poco más y al fin pude salir. Alma volvió a gritar.

—Dios mío...

Sentí que los brazos me hormigueaban por una gran aprensión.

Tenía que saltar hacia el otro balcón para entrar por la puerta de la sala. Miré el espacio que los separaba. Era como un metro de vacío... La idea de una caída desde esa altura me aterrorizó. Nunca había visto un metro más parecido a dos.

Sin pensarlo me paré en la baranda y brinqué. No fue un movimiento elegante. Caí de bruces torciéndome un tobillo. Me puse de pie y cojeando llegué al cancel para descubrir con creciente terror que estaba cerrado. Pensé en romper el vidrio, pero el ruido alertaría a los asaltantes. Miré nuevamente hacia abajo. Eran tres pisos de altura. Me empiné para atisbar la saliente del departamento que estaba exactamente debajo y no pude determinar si la puerta se hallaba abierta o no. Pero era lo más posible; a papá le gustaba abrirla cuando tomaba.

Mi hermana gritaba y lloraba. Dejé de dudar. Me descolgué por la baranda hacia afuera. Mis piernas pendieron en el aire y un sudor frío me bajó por la frente. Tenía que mecerme fuertemente asido para dar un peligroso salto, justo en el momento en que mis pies se acercaran a la balaustrada. Si fallaba podía caer en la orilla, perder el equilibrio y encontrarme ocho metros abajo con el pavimento. Inhalé y exhalé con rapidez. Me balanceé decidido y, justo cuando sentía que mis manos se resbalaban, di el salto. Caer en el sitio correcto fue más milagro que habilidad. Muchas veces, después del pavoroso episodio me empiné para evaluar la posibilidad de repetir la hazaña y me pareció literalmente imposible.

Mi hermana lloraba... Yo temblaba al oírla. Me sentía impotente, pero me acercaba a ella. Tomé un tubo galvanizado que se usaba para sostener los tendederos y empujé la puerta corrediza con mucho temor. Esta vez el marco de aluminio se abrió silenciosamente. Caminé hacia el interior. Tropecé con mi padre embriagado y sentí ira contra ese bulto humano que cuando estaba sobrio golpeaba y vociferaba como un tirano, pero que cuando realmente se necesitaba, no podía mover un dedo para auxiliarnos.

En el pasillo, los tres tipos enmascarados jaloneaban a Alma. Ella daba patadas y golpes al aire mientras gritaba. La resistencia de la niña parecía divertir y excitar más a los agresores. Por un momento el terror me paralizó. Yo no era bueno para pelear, y menos contra tres. Además, había algo que me quitaba el aliento. Conocía bien a mis ex amigos, incluso disfrazados, podía haberlos identificado por sus movimientos y complexiones y sólo *uno* pertenecía al grupo —se trataba del líder—. Los otros sujetos eran gruesos y pesados, mayores de edad, velludos, sucios, de vientre colgante.

¿Qué era eso? Pensé en suplicar clemencia prometiendo que devolvería lo robado y que pagaría mi culpa, pero sus risas malvadas indicaban que se estaban divirtiendo con el atraco y seguramente no se conmoverían con zollipos.

Pegué la espalda a la pared aguantando la respiración, congelado de pánico sin saber qué hacer. Alma me vio de reojo y con la mirada me suplicó, me imploró, por piedad, que la ayudara.

No razoné más.

Empuñé el tubo con todas mis fuerzas y corrí detrás del líder de la pandilla, quien manoseaba a mi hermana, para darle un golpe en la cabeza. Lo hice sin miramientos tratando sinceramente de hacerle daño; el porrazo sonó seco, pero únicamente le abrió una herida. Se llevó las manos a la testa aullando.

Los otros soltaron a Alma y se acercaron a mí.

El primer impacto fue un puñetazo al abdomen que me dejó sin aire. Al doblarme hacia adelante recibí otro golpe en la cara. Caí de lado como un costal de harina viendo infinidad de luces rojas. No pude defenderme, mucho menos atacar. La lluvia de golpes fue cerrada y brutal. Por instinto me encorvé cubriéndome con brazos y manos la nuca mientras recibía un severísimo castigo sanguinario. Me patearon y me golpearon una y otra vez con el tubo galvanizado. Enmedio de la azotaina mi mente repetía como disco rayado *"cúbrete el cerebro, no pierdas el conocimiento; todo se puede arreglar menos la cabeza"*. Ignoro en qué momento los hilos conductores de mi sistema nervioso se desconectaron, pero me desvanecí y me dejé ir por un profundo abismo negro que me llamaba.

Creí que estaba muerto porque pude oír, ya sin sentir dolor, sus comentarios, como si me hallase en otra dimensión presenciando la escena. Uno le dijo al otro que me había reventado un ojo, que me dejara ya, el tercero insistió en darme un tiro de una vez.

—*Dígame una cosa. Por pura curiosidad. ¿Cómo se llama usted? ¿Qué tipo de grupo es éste?*

La joven se hizo para atrás con una evidente mueca de desconfianza. Me miró con recelo y articulando lentamente contestó: "Me llamo Lisbeth. Autoayuda para mujeres violadas".

—*Son unos guarros tu hermana y tú. Siempre se ensucian la ropa y entran llenos de tierra a la casa. ¿No se dan cuenta de que acabo de trapear?*

Repentinamente hubo una explosión, fuego en el escenario, ruido estridente y el concierto comenzó. En un alarido colectivo, todos los presentes se pusieron de pie sobre los asientos del teatro y comenzaron a gritar y a aplaudir.

Cuando volví en mí estaba en un pequeño cuarto blanco, dentro de un cuerpo medio deshecho, con dos costillas fracturadas, tres costuras en la cabeza y una operación del globo ocular. Al despertar un intenso dolor me hizo gritar. Dos enfermeras llegaron a ponerme un sedante.

No muy consciente de mi desgracia, volví a dormitar soñando y los sueños siguieron siendo vívidos, infames, entrecortados e inconexos.

—*Sólo somos estudiantes.*
—*¿No te da vergüenza, animal? ¿Ser un delincuente e insistir en mostrar tu credencial? Ustedes no son estudiantes. Son basura humana. Ni siquiera tienen el valor de enfrentar la responsabilidad de sus actos y se esconden en el slogan de alumnos...*

Abrí los ojos y grité.
Ignoraba que ésos eran los primeros sueños de una cadena fantasmal que me perseguiría por muchos años.
¿En dónde estaba?
Al reconocer el cuarto de hospital me derrumbé con la respiración agitada...

La cabeza me daba vueltas.

Debo llevar a mi hermana al grupo de mujeres, debe saber que no todos los hombres somos malos, que no debe dejarse ahogar por la amargura.

Quise levantarme para ir al baño, pero al momento en que me moví, además del fuerte suplicio físico, recibí un impacto emocional tremendo: en el rincón del cuartito de hospital, donde la luz se diluía, había una figura humana de pie, observándome...

—¿Alma? —pregunté—, ¿eres tú? ¿Qué haces aquí?
—Nadie se dio cuenta cuando me escabullí a tu cuarto.
—¿Se encuentran bien?
—Sí. A Ro le dieron seis puntadas en la frente.
Dejé caer mi cabeza en la almohada quejándome.
—Qué bueno que viniste.
Se acercó dando unos pasos cortos y titubeantes con la vista en el suelo.
—Me salvaste —murmuró.
—No...
—Me protegiste. Yo debería estar en esa cama de hospital. Lo estaría si no fuera por ti.
—No... no...
—Estás sudando. ¿Te duele mucho?
—Deja de preocuparte...
—Te quiero.
Nunca la había oído decir eso. Fue la primera y última vez.
Al poco rato me quedé dormido. Las pesadillas volvieron. Cada vez que despertaba tratando de asirme a la seguridad de una vigilia menos grotesca, veía a mi hermana. Su efigie inmóvil, consternada profundamente por una errónea culpabilidad asumida, se vislumbraba entre mis sueños, como un tapiz de fondo, como una melodía sutil, siempre presente. Me fui acostumbrando a ella hasta que se convirtió en una parte inherente de mi recuperación. Supe después que logró conmover a los médicos, para que

le permitieran permanecer junto a mí día y noche durante mi larga estancia en el hospital. Ella era un cero a la izquierda a los ojos de todos, la dejaban mucho tiempo sola en la casa, pero esta vez se rebeló y prefirió estar a mi lado.

Me operaron dos veces más. Alma estuvo pendiente. Durante ese tiempo aprendí a quererla, aprendí lo que significaba tener una hermana a la que yo no conocía, de quien ignoraba sus nobles sentimientos, sus temores, su intrínseca convicción de no servir para nada, de estorbar incluso; si mi autoestima era baja por la irregularidad de nuestra vida familiar, la de Alma era nula, sin embargo, se esforzaba por aferrarse a mí, por ayudarme para ayudarse a sí misma, cual si yo fuera el noray al que pudiera afianzar su errante embarcación, como si mi persona significara la única tabla de rescate en su inminente naufragio.

Una mañana en la que ella estaba dormida aún, me puse de pie y me vi al espejo. Fue impresionante ver mi rostro. Los hematomas no habían terminado de desaparecer y la hinchazón asimétrica me daba un aspecto monstruoso. Me llevé la mano a la mejilla para acariciarme suavemente. Era yo, pero no parecía... Tenía el cráneo rapado con tres feas costuras y un enorme parche blanco me cubría el sitio en el que antes tuve mi ojo izquierdo.

Una ola de frustración y coraje me invadió. Quise romper el espejo, azotar la mesa, golpear la pared, pero me contuve encajando las uñas en los brazos... La hinchazón de la cara acabaría desapareciendo, eso lo sabía, pero también sabía que quedaría visualmente mutilado.

La rabia y el terror de mi nueva condición me entumecieron frente al espejo.

—¿Por qué? —mordisqueé—. Dios mío. Esto no es justo. Reniego de Ti. Te aborrezco... ¿Dónde estabas cuando esto ocurrió? ¡¿Por qué ocurrió?!

Mi hermana se había despertado y me miraba en silencio.

Di la media vuelta y le reclamé:

—¡No me habías dicho cuál era mi aspecto!

—Te pondrás bien.

—¿No te asustas sólo de verme?

—Al principio... Pero ya no...

Caminé hasta la cama lentamente.

—Me voy a vengar... —susurré—, te juro que esto no va a quedarse así...

Se puso de pie y sin decir nada se acercó para abrazarme. Correspondí desganado al abrazo mirando sobre su hombro. Mi mente no tenía energías más que para planear la revancha.

Los días que siguieron casi no hablé.

Cuando estaba a punto de cumplir un mes en el hospital me dieron de alta. Para entonces mi plan ya estaba hecho.

Fui a la delegación a buscar a los policías que me abofetearon cuando robamos la tienda... Desconocía sus nombres, así que hice guardia en la entrada del edificio por varias horas hasta que los vi llegar.

—¿Me reconocen?

Tardaron en reaccionar.

—No. ¿Se te ofrece algo?

—Soy uno de los muchachos que atraparon robando el supermercado. Ustedes me dijeron que no me partían la cara a puñetazos porque los padres de cretinos cerdos, perdedores, como yo, solían levantar actas en contra de la policía cuando les maltrataba a sus chulos maricones...

Se quedaron mudos ante lo que ignoraban si era una recriminación.

—Como ven —continué—, alguien ya se encargó de partirme la cara...

—¿Qué quieres?

—Vengarme. Me salí de la pandilla de ladrones y miren lo que me pasó. Quiero darles a ustedes todos los datos de los que roban, violan muchachas y golpean a la gente, pero, a cambio, necesito que me pongan en contacto con alguien que pueda dar una paliza al que me sacó el ojo.

Los policías estaban más asustados que interesados.

—Atraparemos a los vándalos y los juzgarán, eso es todo...

—Pero antes, necesito ver medio muerto al líder de la pandilla.

—Nosotros no hacemos eso...

—Ustedes no, pero debe de haber alguien...

—Lo sentimos.

Me di la vuelta para irme de ahí.

Un hombre que había escuchado la conversación se interpuso en mi camino.

—Sígueme —murmuró.

Caminé detrás de él. Era un sujeto extraño. Vestido con traje elegante, pero de mirada dura. Se detuvo en la calle y murmuró.

—Hay unos ex policías... pero te van a cobrar una buena suma.

—¿Dónde están?

—Además vas a ensuciarte como nunca lo creíste. Si te metes a la mafia te será muy difícil salir.

—¿Dónde están?

Esa noche fui directo al cabaret que el espontáneo me indicó, en busca de dos matones. Apenas entré, comprendí a lo que se había referido con aquello de que me ensuciaría. El sitio era oscuro y pestilente. Música ordinaria combinada con luces tenues de color rojo daban al lugar un aspecto dantesco. Mujeres semidesnudas bailaban con borrachos. Me acomodé en una silla en el rincón y sentí que me mojaba los pantalones al sentarme. De un salto me puse de pie. Dos tipos comenzaron a gritar e insultarse. Cuando menos lo creí me vi presenciando una terrible batalla campal.

Al momento en que escuché balazos salí corriendo.

En la calle, respiré agitadamente. Estaba decidido a llevar a cabo mi plan. Al día siguiente volvería al cabaret en busca de los asesinos a sueldo. Preguntaría directamente por ellos y me movería rápido, pero debía llevar dinero. Eso era esencial. ¿Dónde podría conseguirlo...?

Pensé en el padre de Joel y una sonrisa me iluminó los labios. Él me prestaría...

Me sacudí el pantalón mojado y observé mi mano después. La silla en la que me senté en el cabaret no tenía agua ni vino, como había pensado. Tenía sangre.

11

CAUSA Y EFECTO

Al día siguiente pasé por la empresa de alimentos en conserva pensando ingenuamente que el padre de Joel me facilitaría dinero en efectivo. Iba vestido con sombrero, chamarra de cuero y botas, para dirigirme más tarde al cabaret.

Me anuncié con el vigilante y éste investigó por su intercomunicador si podía dejarme pasar. Don Joel me había visitado con su hijo en el hospital la semana anterior. Aceptó recibirme gustoso. Entré a la Compañía y caminé con rapidez hacia las oficinas gerenciales mirando a todos lados con la conciencia de que podía toparme con mi padre en cualquier momento. Por fortuna no fue así. Don Joel me recibió alegre en su despacho.

—¿A qué se debe tu visita? ¿Ya estás mejor?

Estreché la mano que me alargó y no contesté sus preguntas.

—Usted me metió en esto. No es justo. O me acaba de sacar del fango o me deja como estaba.

Frunció el entrecejo cual si le hubiese hablado en celta.

—¿De qué hablas?

—Tiene la fórmula para ayudar a mi padre y no me la dio. Me motivó a salirme de la pandilla y mire lo que pasó. Lo siento, don Joel. Usted no puede lavarse las manos y darse la media vuelta.

—Te veo muy alterado, Zahid. ¿Por qué no te sientas?

—No, señor. Necesito que me preste dinero. Sé quiénes me hicieron esto y voy a tomar cartas en el asunto. Perdí un ojo, pero a ellos les irá mucho peor.

Don Joel movió la cabeza con pesadumbre.

—¿Qué te pasa? ¿Cuál es tu plan?

—Voy a responder la agresión con valor, como hombre.

—No cuentes conmigo.

—¿Por qué? ¿Es incapaz de respaldar con **hechos** sus consejos? Las palabras de ánimo no arreglan los problemas, se requieren cosas concretas.

—¿Y dinero para tomar venganza es lo que buscas?

—Claro. Al darles su merecido no se dará por sentado el precedente de que todos pueden abusar de mí.

Me miró visiblemente molesto. Dejó pasar unos segundos tratando de que los ánimos se asentaran y luego preguntó en tono mesurado:

—¿Leíste el libro que te recomendé?

—Sí, ahí habla de no dejarse manipular, de defender nuestra integridad, de darnos a respetar, ¿por qué he de quedarme con los brazos cruzados? No soy un cobarde.

—Veamos —razonó—. Estuviste en un hospital de traumatología. A todos los pacientes que entran ahí se les exige la declaración de las causas de su accidente y cuando las lesiones son producto de terceros, como en tu caso, automáticamente se levanta el acta judicial correspondiente ¿no fue así?

—Sí. Pero no me conformo con eso. Son simples trámites burocráticos. Seguramente archivarán el expediente. Quiero estar seguro de que esto no quede impune.

El padre de Joel se dejó caer en su sillón ejecutivo con gesto abatido. Ya no parecía tan disgustado. Sólo contrito.

—Hay un gran odio en tus palabras —comentó.

Apreté un puño.

—Sí, señor, tengo mucho coraje. Lo que yo hice no ameritaba que ellos me medio mataran.

—¿Lo que tú hiciste?

Mordí mi lengua. Bien, ya no podía ocultar la verdad.

—Lo que yo hice, lo hice empujado por usted. La noche en que nos sacó de la cárcel a su hijo y a mí, nos reprendió con mucha severidad, sus palabras me confundieron, me hicieron sentir un tonto, así que cuando bajé de su auto fui a la guarida de la pandilla y desbaraté todo, quemé la droga, extraje el dinero robado que guardaban allí con intenciones de devolverlo.

—¿Y lo devolviste?

Moví la cabeza negativamente.

—Mi padre me lo quitó.

Asintió muy despacio como un juez que está a punto de dar su veredicto.

—Con tu venganza —sentenció—, sembraste el mal y ahora que lo estás cosechando deseas volverlo a sembrar. ¿Cuándo te vas a detener? ¿Hasta que te maten?

—Hasta donde sea necesario. De mí nadie se burla.

El padre de Joel se levantó y caminó hacia la ventana.

—Vamos a decir las cosas como son, amigo —su tono era enérgico y su volumen alto—. Es mentira que cada quien hable de la feria como le va en ella, la verdad es que cada quien encuentra en la feria lo que fue a buscar a ella. Denunciar a un transgresor para que pague su condena en términos de estricta justicia es correcto; si te da tranquilidad el proceso legal, adelante, pero no llegues más lejos; exaltado por la ira, puedes actuar fuera de los parámetros lícitos, fastidiar a otra persona injustamente y entonces el hecho se revertirá en tu contra. Tal vez el mismo afectado arremeterá contra ti causándote un daño mayor. Por eso, deja de tratar de educar al mundo. Es una lucha inútil. Todos pagamos nuestros errores. Nadie se salva. Un transgresor, aunque no lo demanden, está condenado en el mismo momento de cometer su ilícito. La acción y reacción es mecanismo del que todos somos un engranaje. A cada acto cometido le corresponde una respuesta de la vida. El mal se siembra con EVASIÓN (**pereza, vicios, irresponsabilidad**), ENGAÑO (**mentiras, robos, difamaciones, adulterios**), EXASPERACIÓN (**prepotencia, ira, violencia**) y EGOLATRÍA (**vanidad, soberbia**). Son cuatro "*Es*". Fáciles de recordar. Focos rojos, actitudes a evitar. Quien incurre en ellas sufre las consecuencias que merece. No hay más.

—¿Y esto? —le dije señalándome el rostro sin evitar que algunas lágrimas de frustración se escaparan tanto de mi ojo sano, como de mi cuenca vacía—, ¿no me diga que robar unos billetes y destruir algunas cosas merece *esto*?

—La parte que merece la tienes, la parte que te quitaron de más, la vida se la quitará a ellos y te la devolverá a ti. El precepto del equilibrio es inquebrantable. Ahora no lo entiendes, pero dentro de algunos años lo harás.

—¡Yo me bajé muy motivado de su automóvil aquella noche! ¡Quería ser diferente!

—¿Y por qué volviste al escondite de la pandilla para sembrar el mal?

—Porque recordé los insultos y las burlas de las que fui víctima.

—¿Y quisiste vengarte haciendo estragos mayores? ¡Hubiera bastado con que te negaras a participar más con ellos!

—Pero hubiese tenido que enfrentar insultos y burlas otra vez.

—Qué barato, ¿no lo crees? Tarde o temprano se habrían olvidado de ti y estarías sano.

—Cuando destruí su guarida lo hice anónimamente.

El hombre soltó una carcajada.

—¿Me estás diciendo que no querías ser identificado? ¡Por favor! ¡El anonimato es el sello de los cretinos y cobardes! Alguien que no se respeta lo suficiente como para dar la cara no merece ser escuchado. Esconderse detrás de un grupo, de una máscara, de una hoja sin firmar, indica que la persona no respalda sus actos ni quiere sufrir las consecuencias de lo que vilmente hace. Pero las consecuencias no se pueden evitar aunque te escondas en el fin del mundo. Todo se sabe tarde o temprano. No realices jamás algo de lo que puedas avergonzarte.

—Los que me golpearon —lloriqueé—, venían enmascarados... ¡Son unos cobardes! ¡Deben recibir su castigo!

—Zahid. Entiéndelo de una maldita vez. El que no conoce la ley de **causa**lidad, NO SABE VIVIR: *"Todo hecho lleva su recompensa o castigo en sí mismo. Cuanto hagas quedará grabado en tu proceso vital y tarde o temprano se te revertirá en bien o mal. La* **casualidad** *no existe, todo es* **causal**. *El efecto puede suceder a la causa muchos años después de ocurrida ésta, pero es seguro que la seguirá y mientras más tarde la recompensa o castigo, mayor será"*.[1] ¿Te han difamado?, ¿engañado?, ¿robado?, ¿mal-

---

[1] Ralph Waldo Emerson, *Ensayo sobre la Compensación*, referido por Napoleón Hill en: *"Cómo hacerse rico sin preocupaciones"*. Ed. Diana.

tratado?, ¿herido? **No guardes rencor.** ¿Ves al injusto en la cresta de la ola y al justo en el fondo del valle? Despreocúpate. Las aguas tarde o temprano toman su nivel y cada persona terminará estando exactamente donde debe estar. Ahora entiende esto: algunos efectos no alcanzan a ocurrir en esta vida. Jesús fue crucificado y ése no es el efecto de sus causas, pero **la cadena no se interrumpe con la muerte física**, continúa y cada uno termina en el lugar que por derecho le corresponde.

—¿Me está diciendo usted que Dios nos envía el sufrimiento para crecer?

—El sufrimiento proviene de infringir las leyes. Imagínate escuchar a un párvulo que se lastimó por aventarse de la azotea como "Superman" reclamando: *"¿Por qué me ocurre esto, Dios mío? ¿Por qué me permites este sufrimiento, por qué a mí...?"* Lo veríamos ilógico, ¿no es cierto? Algo así te ocurrió. Dios no está ausente ni ignora tu dolor. Está contigo, pero ENTIÉNDELO: actúa como actuaría cualquier padre inteligente con el hijo que se cayó. En su interior comprendería que es bueno para el hijo tener esas experiencias para que aprenda a cuidarse y evite sufrimientos peores, pero al mismo tiempo le haría sentir que lo ama y está con él.

Me recordé frente al espejo del hospital recriminando... Eran conceptos muy duros. Me aplastaban, me aniquilaban. Eso significaba que, a pesar de mis errores, Él estaba ahí, ofreciéndome su abrazo fraterno, su amor incondicional, su inconmensurable cariño de Padre...

Tomé asiento en la silla de visitas y agaché la cara confundido. Don Joel se acercó y puso una mano sobre mi hombro.

—No hay nada más desgastante que estar envuelto en riñas con la gente. Quita fuerza, distrae... estanca... Tú eres un hombre bueno... y los hombres buenos no andan en pleitos y venganzas. Salte de ese círculo vicioso. No perteneces a él. Tienes alas de águila. Eres más que un vencedor... Acepta el amor de Dios en tu vida. Sólo eso podrá hacerte volar...

Con la cabeza hacia abajo me tapé la cara sin evitar que algunas lágrimas se me escaparan. Finalmente me repuse un poco y comenté:

—Tengo una terrible confusión... Cuando hablo con usted me aturde lo que me dice. No sé cómo manejar la información que me da —hice una pausa para mirarlo—. Si no voy a vengarme, al menos dígame cómo compensar todo el mal que me rodea. ¿Es posible ayudar a mi padre?

—Sí. Tú y tu familia deben dejar de consentirlo, para empezar.

—¿Eso hicieron con usted?

—Así es. Repentinamente mi esposa se desentendió de mí. Cuando llegaba ebrio no me regañaba ni se enojaba, me recibía tranquila y me decía que ME AMABA DE TODOS MODOS, pero que si hacía algo indebido, yo pagaría el error. Cuando me ponía necio, se iba con los niños y se despreocupaba de lo que pudiera ocurrirme; decía que sólo estaba protegiendo su salud mental y que todo volvería a la normalidad cuando yo buscara ayuda.

—¿Dejar de consentir es como dejar a la ley de causalidad cumplirse libremente en los demás?

—Muy bien dicho —aplaudió—. Eso es exactamente: **no interponerse entre la causa y el efecto de otro, dejándolo sufrir las consecuencias de sus propios actos,** por su bien y por el bien de nosotros mismos. **El mundo está lleno de consentidores. Gente noble, pero de corta visión que se empeña en sobreproteger a sus seres queridos compadeciéndose de ellos, cuidando que no sufran molestia alguna, e impidiéndoles crecer.** Los grandes revolucionarios de la educación basan sus teorías en este concepto elemental: ¡Permitan que el niño se haga responsable de sus propios actos, que aprenda a medir las repercusiones de sus hechos, que sea independiente, que sea una **persona** y no un animal amaestrado...! Eso es dejar de consentir.

—Suena bien —comenté limpiándome la cara con un pañuelo desechable que tomé del librero—, ¿pero cómo se logra que un *cerrazónico* padezca las secuelas de sus tonterías?

—Te voy a compartir cómo lo hicieron conmigo: cuando me arrestaban, nadie corría a la delegación a pagar mis multas; si me encerraban, amanecía en la cárcel; si chocaba con el coche, me enfrentaba yo solo a la policía; si vomitaba o me ensuciaba, yo mismo me limpiaba; si me quedaba tirado en el patio, nadie iba a rescatarme. Mi esposa dejó de ayudarme en el trabajo, de cuidar mis papeles y de justificarme ante los demás. Comenzó a vender paquetes con almuerzos preparados en las escuelas para tener dinero y permitió que yo me fuera a la ruina económica. Cuando estaba sobrio, todos me demostraban su cariño con miles de detalles agradables, pero dejaron de sentirse afectados por mi vicio y de tenerme lástima aunque me metiera en grandes problemas. Sólo así pude entender que necesitaba cambiar.

—Señor, si es cierto lo que usted dice, yo no estoy aquí por casualidad. Tal vez es momento de hacer algo positivo con mi gente. Entiendo las primeras dos rocas para ayudar a un cerrazónico. *Liberarse internamente y dejar de consentir.* ¿Cómo es la tercera?

—La tercera se llama *Careo Amoroso.* Un día, mi hija de seis años me abrazó llorando y me dijo que se sentía muy triste porque le maté a su conejito de una patada, pero que de todos modos ella me quería; entonces se me partió el corazón. Yo ni siquiera me acordaba de haber hecho eso. **El careo amoroso es un recurso poderosísimo. Es el enfrentamiento de una persona que está dando falso testimonio con otra u otras que tienen pruebas de la verdad.** En un ambiente afectuoso, los seres queridos dicen al *cerrazónico* cara a cara la verdad de lo que pasa y las consecuencias *tangibles* de sus actos. Cuanto más personas participen en un careo planeado, los resultados serán mejores. Pueden colaborar patrones, empleados, amigos y familiares; todos reunidos y de acuerdo para decir, cada uno, cómo han sido afectados por la conducta del *cerrazónico* y para instarlo a que pida ayuda de inmediato. No deben participar quienes tengan la tendencia a regañar, quienes no sean lo suficientemente fuertes para aguantar una discusión tensa, quienes estén resentidos o quienes no sean capaces de percibir al alcohólico como un enfermo que necesita ayuda.

Imaginé un careo con papá y sólo de pensarlo las manos me temblaron.

—Si los familiares *nos liberamos interiormente, dejamos de consentir y practicamos los careos amorosos*, ¿el alcohólico se cura?

—No. Recuerda que tiene **DOS** enfermedades. En este punto apenas se habrá vencido el primer mal: la enfermedad de *la cerrazón,* pero aún quedará el alcoholismo. Ahora él deberá asistir a una clínica de rehabilitación y/o a las sesiones que sean necesarias de Alcohólicos Anónimos hasta que viva plenamente los doce pasos de la filosofía de este grupo. Sólo eso acabará con el segundo mal.

Una idea atrevida me paralizó por unos instantes.

—¿Usted sabe que mi padre trabaja aquí?

Me miró con una sonrisa leve.

—Sí.

—¿Lo conoce?

—Soy su superior jerárquico.

Eso era increíble. Don Joel tenía que estar presente en el careo amoroso con mi padre.

—Ya no quiero que me preste dinero. Ahora necesito algo mucho más valioso: ¿Podría acompañarme a la casa para platicar con mi familia?

—Un careo se planea, se ensaya, se hace después de haber pisado las primeras dos rocas. Ustedes aún son consentidores. No están preparados y, si lo hacemos de improviso, puede resultar contraproducente.

—De acuerdo, de acuerdo, sólo quiero que platique con nosotros… Supongo que todos los familiares deben involucrarse, pues en cuanto el alcohólico se sienta desprotegido por uno de sus consentidores, buscará otro. Alma y mi madre deben comenzar a sintonizar sus ideas en la misma frecuencia… Yo no creo poder convencerlas como usted.

Me miró paternalmente y se puso de pie.

Salí por delante con una emoción ingente. Yo no era un joven de planes y proyectos, sino de acción. A eso le debo muchos errores cometidos pero también gran parte de mis aciertos. Don Joel no sabía que le tendería una trampa. Estando en casa mamá, papá, mi hermana y él, yo forzaría la ejecución de un careo. Ignoraba que estaba a punto de vivir una de las experiencias más fuertes de mi vida.

12

CAREO AMOROSO

—Hola, mamá —la saludé con un beso—, te presento a don Joel. Es el padre de un amigo.

—Ya tenía el gusto. Lo vi en el hospital. Tome asiento, por favor.

—Gracias.

—¿Desea algo de tomar?

—No, muy amable.

—¡Alma! —grité—, ¡ven, por favor!

Mi hermana salió de su cuarto y se paró junto a mí.

—Don Joel viene a platicar con nosotros —aclaré—, me ha enseñado algunas técnicas para hacer que papá reconozca su necesidad de ayuda y lo invité para que se las explique.

Hubo un silencio total. Las dos mujeres se mostraron interesadas.

—Bueno —comenzó un poco desencanchado—, soy alcohólico rehabilitado y aunque sé que la problemática de una familia como la de ustedes es muy compleja, alguien necesita dar el primer paso. Hay ciertos grupos a los que pueden asistir y libros que deben...

—Hábleles del careo —lo interrumpí.

—Es uno de los últimos y más eficaces pasos que deberán dar. Se realiza siempre en presencia de un terapeuta experto y consiste en hacer una reunión preparada y ensayada a la que se invita al enfermo para que escuche, de las personas más importantes de su vida, cómo el vicio está causando daños enormes.

—¿Es como un ultimátum? —preguntó mamá.

—En cierta forma, pero se hace en ambiente de amor y comprensión, el alcohólico no debe sentirse agredido. Por eso antes se piensa bien lo que va a decirse.

—¿Hay reglas específicas para realizar un careo? —pregunté.

—Cada participante dice abiertamente uno o dos ejemplos de la conducta reprobable del alcohólico. Está prohibido mencionar frases como "no te soportamos más porque has echado a perder nuestras vidas", en vez de eso se refieren conductas *concretas* de las que tal vez no se acuerde como: "En la boda de tu sobrina tomaste, le faltaste el respeto a una mujer y retaste a golpes a su marido, desde entonces nadie de la familia nos habla". Eso sí es una evidencia *concreta*. No se trata de juzgar o condenar sino de que él se dé cuenta de una vez por todas, en conjunto, de a lo que el alcohol lo ha llevado.

—¿Podemos hacerlo hoy mismo?

—No. Ten paciencia. Todo a su tiempo.

—Pero, ¿por qué esperar? Entendimos bien. ¿Verdad, Alma? ¿Verdad, mamá?

—Yo he participado en algunos careos —sentenció don Joel—, y definitivamente no se trata de un juego. Hay alcohólicos que cuando ven reunidos a sus familiares y amigos, creen que es un complot contra ellos y reaccionan tan violentamente que provocan daños peores.

Escuchamos algunos ruiditos metálicos en la cerradura de la puerta.

—Es papá —dijo mi hermana aterrada.

Por unos minutos nadie habló. A lo lejos se oía el ronroneo de los camiones que transitaban por la calle principal.

Mi padre entró y nos encontró en la sala a su jefe, esposa e hijos. Se asombró al vernos reunidos en posición expectante.

—Bue… buenas noches, ¿ocurre algo?

Nadie habló.

—No —dijo don Joel—, sólo vine a visitar a Zahid para ver cómo seguía de salud.

Papá se tranquilizó y tomó asiento frente a él.

—No he podido ir a trabajar esta semana —se disculpó—, me he sentido un poco indispuesto.

Era el momento. Yo tenía que provocar las cosas. Había muy poco que perder y mucho que ganar.

—De eso también ha venido a hablarnos don Joel —me aventuré con voz trémula—. Fuiste un gran vendedor y ahora estás casi fuera de la empresa... Papá, te queremos mucho, pero creemos que no te das cuenta de lo que pasa cuando... bebes...

Tardó unos segundos en comprender el significado de mis frases entrecortadas. El invitado me miró con enojo, mamá se puso muy nerviosa y agachó la cara mientras mi padre veía alrededor cavilando todos los probables móviles de la inesperada reunión.

—No tratarán de darme un sermón colectivo a esta altura de mi vida, ¿verdad?

Nadie contestó. Fue el momento decisivo. El señor Joel tardó en resolverse, pero finalmente me apoyó.

—Sus hijos están especialmente sensibles esta tarde, creo que necesitan ser escuchados. ¿Podría darles ese regalo?

El rostro de mi padre se endureció y sin hacer la menor señal de conformidad clavó su penetrante vista en mí. Tenía yo la pelota otra vez. Repasé mentalmente con mucha aprensión las reglas básicas del careo: *Decir cosas concretas con firmeza, demostrar afecto, no discutir, no salirse del tema, acorralar al enfermo hasta hacerlo entender que necesita ayuda...*

—No pretendo culparte de esto —dije señalando mi ojo—, pero cuando entraron los asaltantes te hallabas ebrio. Estuvieron a punto de violar a mi hermana frente a ti. Además, esos sujetos vinieron a recuperar un dinero que era de ellos. No pude devolverlo porque tú me lo quitaste cuando estabas borracho con tus amigos, la noche en que estuvieron bailando semidesnudos en la sala.

Mi padre no podía salir de su pasmo. La presencia del extraño le ataba las manos y le cerraba la boca a sus acostumbradas explosiones de violencia soez. Los presentes permanecían estáticos. Papá sonrió un poco con el rostro saturado de un rojo sanguíneo.

—¿Pretendes hacerme quedar en ridículo? Esto es una broma, ¿verdad?

Mi madre levantó la vista. Temí que fuera a pedir una disculpa por mi impertinencia pero afortunadamente me equivoqué.

—No, cariño —comentó—, estamos aquí para decirte cuánto te amamos y para... compartirte cómo... nos afecta a todos el alcohol.

—¿Tú también? Mejor para esto. Te lo advierto.

Mamá se turbó visiblemente ante la amenaza de su esposo y me miró de soslayo, pero ya no había manera de volverse atrás. Entrecerró ligeramente los ojos como si hubiese decidido arrojarse al vacío de una vez por todas y dijo:

—Hace medio año, volviendo de una fiesta manejaste ebrio a toda velocidad. Tus hijos y yo íbamos muy asustados. Te supliqué que no siguieras arriesgando nuestras vidas, pero te exaltaste tanto que detuviste el auto en media carretera, abriste la puerta y me obligaste a bajar. Vi cómo arrancaste de nuevo y te alejaste haciendo eses. Me eché a caminar llorando por la calle, pensando que no volvería a ver con vida a mi familia.

Papá se puso de pie y caminó en círculo como un bovino enfurecido que no sabe a quién embestir.

—Eres una mujer enferma —masculló—. Todo lo exageras.

Alma comenzó a hablar con voz muy baja:

—En ocasiones cuando te emborrachas... ensucias, o sea... yo tengo que limpiar... Viene mi tío Ro, te lleva a la recámara, dice que él puede hacerse cargo de nosotros y yo creo... que no está bien...

Se quedó callada. Admiré su esfuerzo.

—Te queremos mucho —intervine—, pero te tenemos miedo. Cuando tomas nadie sabe cómo vas a reaccionar. Hace cinco años saliste del departamento borracho, quise detenerte y me empujaste haciéndome rodar por las escaleras. Me fracturé la muñeca. Estuve noventa días enyesado.

—Además, cariño —comentó mamá con más aplomo—, hemos perdido nuestros ahorros. La casa está hipotecada, el carro chocado en el garaje, no tenemos dinero para arreglarlo. Tú ganas con base en la comisión de las ventas que realizas y hace más de tres meses que no traes un centavo. Tu hermano nos mantiene... Incluso, Alma trabaja con él en el videoclub desde hace dos años para retribuirle un poco todo lo que nos ayuda.

Eran argumentos concretos. Mi padre no podía refutarlos por mucho tiempo.

—Usted, en efecto fue un gran empleado —dijo el padre de Joel entrando en acción para ayudarnos—, pero hemos ido quitándole responsabilidades y reduciendo su zona de trabajo. De hecho, la Compañía está a punto de rescindirle el contrato. Nunca sabemos cuándo contar con usted. El alcohol lo está acabando, señor Duarte. Hay menoscabos neuronales de los que no se da cuenta; está siendo dañado cerebralmente, su hígado se está pudriendo, sus riñones están enfermando, sus testículos se contraen día a día y está quedando impotente.

Mi padre buscó apoyo en el respaldo del sillón, respiró agitado cual si le faltara el aire. No levantó la vista por un buen rato. Estoy seguro de que ante el repentino estrés, su constitución física le gritaba, le exigía, le demandaba imperiosamente un vaso de licor.

—De acuerdo —comentó al fin—, reconozco que tengo algunos problemas con la bebida *ahora*, pero hace ocho años, cuando no tomaba, todos me utilizaban. Al llegar a mi casa me sentía fuera de lugar, como un intruso, nadie me esperaba, a nadie le importaba.

Don Joel me había advertido: *Los cerrazónicos son expertos en ablandar a sus allegados y orillarlos a sentirse culpables de los errores que ellos cometen. Cuando la gente está apabullada se vuelve tierna y dulce creando confusión emocional.*

—Te estás evadiendo —sentenció mamá—, ¿qué importa lo que ocurrió *hace ocho años*? Tenemos un problema *hoy*. Lo fundamental es arreglar el presente y planear el futuro.

—Un momento. No, señor. Ustedes están de acuerdo para agredirme en conjunto y yo tengo derecho a hablar también.

Su voz sonaba franca. Parecía realmente dispuesto a decir *su* verdad.

—En aquellos años, tal vez me hubiera sido más fácil mantenerme sobrio si hubiese tenido una *esposa*, pero la mujer que vivía conmigo era *madre*, no *esposa* —se volvió a ella con una mirada de furia—. Vivías para los niños. No los dejabas que les diera ni el aire. Eras hipocondriaca. Todo el tiempo creías que estaban enfermos y les embutías cerros de antibióticos sin consultar a un médico. Los hiciste dependientes, flojos, caprichosos y berrinchudos. La forma obsesiva en que los atendías, la manera en que estabas pendiente de los llantos de uno, de los gritos de otro, de la alimentación de los remilgosos y hasta del aseo de los guarros que se ensuciaban sólo para llamar la atención, me hacían comprender que eras una madre obsesiva, presa, sin personalidad propia; una madre que no era mujer, que no era amiga y, por supuesto, que no era amante. Yo no significaba nada para ti. Me ignorabas. Sólo me buscabas con la mano estirada y una sonrisa cínica cuando necesitabas dinero —se interrumpió visiblemente agitado, parecía un hombre tratando de revelar todo el dolor escondido en su pecho—. Me sentía usado, —continuó—, rodeado de afecto simulado que sólo era interés. Cansado, terriblemente cansado de trabajar y ganar dinero para que los demás lo disfrutaran. Sin deseos de seguirle el juego a la *madre* sabiendo que no tenía otra opción que vivir a su lado y ver cómo maleducaba a los mocosos. Óyeme bien, y no estoy borracho. En uno de aquellos momentos en los que no quería dejar esta casa para ir a trabajar, pero que tampoco me sentía amado ni acogido en ella, pude percibir un viso de la depresión que puede llevar a cualquier persona a quitarse la vida… Entonces comencé a tomar.

Mi madre parecía asustada de lo que estaba escuchando.

—Yo me refugié en los niños para evadir tu machismo —se defendió ella—, antes de que comenzaras a tomar.

Ambos tenían la razón. **Hubo problemas conyugales y evasión mutua.** Después él perdió el control de la bebida y adquirió una dependencia de la que hasta la fecha no estaba consciente y mi madre al ver complicarse su entorno familiar trocó su amor obsesivo por una conducta de mártir consentidora.

—No ganamos nada con desenterrar el pasado —insistió ella—, debes dejar de emborracharte.

—¡Basta! No vuelvas a mencionarlo. Yo puedo dejar el alcohol cuando me dé la gana.

—¡Entonces hazlo ahora!

—Sólo tiene que ir a una clínica de desintoxicación —comentó don Joel—. Son especialistas. Le ayudarán mucho…

—No hay nada que reconstruir, es demasiado tarde, además seguramente eso de la clínica cuesta mucho dinero y yo no tengo.

Independientemente de mi problema, estamos viviendo una crisis económica increíble, las ventas han bajado. La recesión es enorme. La gente se ha vuelto agresiva.

—Tiene razón —el padre de Joel se puso de pie y comenzó a caminar por la sala con autoridad mientras hablaba—, todos en este país nos sentimos traicionados, enfurecidos y nos desquitamos como podemos, pero hay que detenernos ya. No ganamos nada peleando con el vecino, amenazando a nuestros amigos, agrediendo a nuestra pareja, lastimando a nuestros hijos, encerrándonos en vicios. En los momentos de crisis es cuando más prolifera la prostitución, la pornografía, la droga, el alcohol, los adulterios, los divorcios... Gente desalentada se *evade* de sus problemas cayendo en el círculo vicioso de dar, recibir maldad y seguir evadiéndose para volver a empezar. Tenemos que detenernos ya. El verdadero peligro de las crisis políticas y económicas es que se vuelven sociales y familiares; hay que tener mucha madurez para poner un alto y no permitirnos caer en escapes nocivos... Y si ya hemos caído, hay que levantarse... Señor Duarte, usted *tiene que* levantarse. Hágalo por sus hijos. Puede poner un alto a los acontecimientos negativos que siguen ligándose unos con otros en esta casa. Su familia le está pidiendo ayuda. Eso es todo.

Por primera vez el gesto de mi padre se tornó humilde. Tenía la vista perdida y la boca apretada con los labios hacia adelante.

—Papá —se acercó mi hermana temblando—. Escucha lo que te dicen. Yo te necesito mucho. No tengo a quien contarle mis problemas.

Alma abrazó a papá por la cintura y rompió a llorar amargamente. Fue eso lo que desmoronó al hombre.

—¿Qué tengo que hacer? —preguntó.

—Hay una clínica de desintoxicación a la que deberá ingresar mañana por la mañana. La empresa pagará los gastos. Todo está preparado —mintió don Joel—, será como irse de vacaciones un par de semanas. Luego volverá a sus actividades normales y cada ocho días asistirá a una reunión de Doble A.

Mi madre había recuperado su aplomo y se aproximó.

—Yo reconozco los errores que cometí —le dijo—. Si aceptas

el tratamiento, cuentas conmigo, seré una esposa real, una amiga, una compañera como la que tú necesitas... —su rostro dibujó un esguince de firmeza—, pero *si no te atiendes,* nada podrá cambiar —hizo una leve pausa para respirar antes de decirlo—: Te sentirás mucho más solo que antes porque... yo ya no viviré a tu lado.

—¿Me estás amenazando?

Ella le sostuvo la mirada y papá se dio cuenta de que no era una amenaza ni un juego, era una realidad.

—De acuerdo... Haré lo que me piden, pero iré cuando yo quiera.

Mamá movió la cabeza negativamente. Alma seguía llorando inconsolable.

—Es ahora o nunca...

Se quedó con la vista en el suelo y asintió una sola vez.

Alma y yo ayudamos a mamá a preparar la maleta de mi padre. Él también cooperó, distraído, sin agregar una sola palabra a lo ya dicho... En la casa se sentía un ambiente extraño; de melancolía y júbilo a la vez; de temor y aventura, como si en la jungla negra se vislumbraran esperanzadores rayos de luz.

Al poco rato recibimos una llamada del padre de Joel, comunicándonos que, *ahora sí*, todo estaba arreglado y que pasaría por mi padre muy temprano al día siguiente.

Intenté dormir esa noche pero no pude. Tenía los nervios alterados por tantas emociones y sucesos difíciles de asimilar. Me puse de pie y salí sigilosamente de mi recámara para hablar con mi hermana. Ella siempre cerraba su habitación con llave. Toqué.

—¿Estás despierta?

Tardó en contestar. Abrió la puerta y volvió a la cama para sentarse. Me detuve en el umbral.

—¿Te encuentras bien?

—Sí... Pasa.

—No puedo dormir.

—Yo tampoco.

—Quiero platicar contigo.

Pareció no escucharme.

—Te admiro mucho —me dijo.

—Gracias Alma, pero me gustaría compartirte todo lo que he aprendido últimamente.

—¿Alguna vez has sentido que eres un inútil?

—¿Por qué me preguntas eso?

—No sé... Pero yo así me siento a veces. Tonta, sin ganas de vivir.

La estudié en silencio. Era una conversación inconexa. ¿Acaso intentaba decirme algo?

Se recostó sobre la almohada y observó el techo con nostalgia.

—El mundo es una porquería...

—¿Por qué hablas así? ¿No se supone que deberías estar feliz por lo que pasó hoy? Además tú eres muy buena. Estoy muy agradecido contigo por la forma en que me cuidaste en el hospital. Somos amigos. Puedes confiar en mí.

—¿Y qué gano con eso?

—Alma, dime en qué estás pensando. Quiero ayudarte.

Movió la cabeza negativamente.

—No es nada especial... Sólo estoy deprimida.

—¡Pero *siempre* estás deprimida!

—¿Has venido a regañarme?

—No, no... —me interrumpí sin saber cómo romper la barrera—. Hay algunos lugares donde se reúnen personas que tienen problemas similares a los nuestros. Leí un libro muy importante que tú debes leer... Eres responsable de ti. Necesitas tener más valor y coraje para buscar soluciones. Es mentira que seas tonta o inútil. Y no puedes estar todo el tiempo deprimida.

—¿Conoces el sitio al que va gente con padres alcohólicos?

—Sí. También conozco otro en el que asisten mujeres violadas.

Levantó la cara con interés. Me sentí motivado por haber despertado en ella cierta curiosidad y continué relatando entusiasmado:

—Escuché a una joven que fue ultrajada. Habló frente a sus

compañeras y les dijo: *"Antes solía compadecer a toda la gente que sufría. Actualmente sólo compadezco a aquellos que sufren en ignorancia y que no comprenden la utilidad esencial del dolor".[1] Yo fui violada y quiero decirles que la experiencia me ha hecho más grande, más madura, más mujer y sobre todo más digna de amor. Puede parecer extraño, pero cuando caes al pantano, tu vida cambia radicalmente para bien o para mal. Si te permites la desesperanza, neurosis y autocompasión, te hundes irremediablemente. Si, en cambio, te rebelas ante la idea de zozobrar, buscas al único Poder Superior, te aferras a Su amor y a Su perdón, te llenas de Su energía ilimitada y muestras el temple y el coraje para salir adelante, cuando lo logras, eres otro. Si sientes que la vida no tiene sentido, que los problemas te están acabando, memoriza esta parábola: Un pájaro que vivía resignado en un árbol podrido en medio del pantano se había acostumbrado a estar ahí, comía gusanos del fango y se hallaba siempre sucio por el pestilente lodo. Sus alas estaban inutilizadas por el peso de la mugre hasta que cierto día un gran ventarrón destruyó su guarida; el árbol podrido fue tragado por el cieno y él se dio cuenta de que iba a morir. En un deseo repentino de salvarse comenzó a aletear con fuerza para emprender el vuelo, le costó mucho trabajo porque había olvidado cómo volar, pero enfrentó el dolor del entumecimiento hasta que logró levantarse y cruzar el ancho cielo, llegando finalmente a un bosque fértil y hermoso. Los problemas serios son como el ventarrón que ha destruido tu guarida y te están obligando a elevar el vuelo...*

—O a morir...

—Oye. No vas a morir. Ni yo tampoco. Papá se rehabilitará. Esta familia volverá a ser normal...

—¿Tú oíste todo eso en un grupo de mujeres, o estás inventando?

Me desconcertaba la forma en que cambiaba el tema de la conversación, parecía no poder concentrarse en una sola cosa.

---

[1] Cita textual. Bill W., *"El sendero de la vida"*, selección de escritos del cofundador de A.A.

—Oí desde fuera.

—Yo paso mucho tiempo sola. Me gustó el careo. Tal vez no sirva de nada. Sólo mi tío Ro me comprende. La verdad no sé por qué me siento así. Me gustaría ser como tú.

¿Qué relación tenía una frase con otra? Pensé que mi hermana estaba afectada de la cabeza. Levanté la voz para obligarla a atenderme. Necesitaba decirle muy claro lo que iba a pasar:

—Alma, escúchame. Este día tomé una decisión de cambio. Iba a vengarme y a seguir cayendo pero ya no lo haré. Pronto terminaré el bachillerato y voy a solicitar ingreso a una Universidad como interno. Sólo así podré desarrollarme como deseo. Voy a pagar el precio para ser un triunfador. Necesito hacerlo, ¿me entiendes? He cometido muchos errores y estoy decidido a provocar que las cosas cambien. Pero tú debes también poner un alto a tu desánimo. Reunirte con gente positiva, leer libros de superación, escuchar conferencias... Sacudirte la apatía... No quiero dejarte sola en este estado.

Me senté a su lado. Se giró ligeramente y pude distinguir un casi imperceptible viso de maldad en su mirada. ¡Era una niña de trece años! No. Sacudí la cabeza. Seguramente malinterpreté su gesto ante la pálida luz de la lámpara.

—¿Lo harás? —pregunté—, si nos separamos, ¿me prometes que lo harás? Yo me mantendré en contacto contigo, pero...

Me interrumpió abrazándome fuertemente.

La carga de los problemas era demasiado grande para sus endebles cimientos. Alma tenía miedo. Pero no estuve consciente de ello sino hasta muchos años después.

13

ADOPCIÓN

La avioneta iba a tocar tierra firme en unos minutos.

—¿Qué fue lo que salió mal?

—Lo ignoro.

—¿Hablaste con ella después de esa noche?

—Varias veces… No me escuchaba, siempre parecía perdida en fantasías desconocidas… Le compartí todo lo que había aprendido, me volví hasta cierto punto un hermano hostigoso que trataba de enseñar. Después me rechazaba. Cuando me acercaba a ella se burlaba diciéndome que si ya iba a darle otro sermón moralista… Las ideas te hacen libre o esclavo. De ideas positivas te sostienes para salir del fango como si fueran ramales de un árbol que se inclinan hacia ti. Ella tuvo al alcance esas ideas y no salió.

—¿Por qué? ¿Dónde estuvo el error?

—Lo ignoro. Lisbeth, tú eres mujer, ayúdame a entender esto. Me lo has contado otras veces pero necesito volver a oír la forma en que saliste adelante después de la violación y el embarazo. Algo hiciste tú, que Alma no pudo o no quiso hacer.

La avioneta aterrizó.

Bajamos del artefacto despidiéndonos del piloto con cortesía. Miré el reloj.

Como lo habíamos calculado, era casi la una de la mañana. Entramos al aeropuerto por una pequeña puerta que daba servicio exclusivo a la aviación privada y corrimos a la ventanilla de taxis autorizados.

—¿Adónde van? —preguntó el cobrador.

Le di el nombre del hospital y la dirección que obtuve telefónicamente. Me alargó el boleto indicando la cantidad a pagar.

Fuimos de inmediato hasta el vehículo que se hallaba con la puerta abierta esperándonos. En el taxi, camino al hospital, ella comenzó a hablar.

Después de la primera sesión con el grupo de mujeres, una abogada se acercó, me pidió información respecto a la demanda presentada, se ofreció a representarme cobrando una cuota mínima y me citó en su despacho para ponernos de acuerdo en la estrategia legal. Las compañeras se despidieron afectuosamente. Algunas me brindaron tarjetas de bienvenida y otras me invitaron a grupos paralelos relacionados con alguna religión: reuniones de oración, ruedas de estudio bíblico, juntas de apostolado o evangelización.

Me explicaron que todos los grupos de autoayuda tienen algunos principios similares, cimentados en los doce pasos de Alcohólicos Anónimos.

En forma resumida se basan en:

*LA **NECESIDAD DE ADMITIR** que somos impotentes frente a algunos sucesos y emociones.*

*LA **CONVICCIÓN** de que sólo un Poder Superior podrá restaurar nuestra vida deshecha.*

*LA **DECISIÓN** de entregar nuestra voluntad a ese Poder Superior.*

*LA **RESTITUCIÓN** del mal que hicimos a otros como consecuencia de nuestra falta de control.*

*EL **COMPROMISO** de ayudar a nuevas personas atrapadas en un problema similar.*

Salir de mi estado depresivo fue como aprender a caminar de nuevo. El menester me exigió tiempo y esfuerzo desmedidos. Asistí a todas las reuniones que me invitaron, seguí cada consejo al pie de la letra: dejé de hablar mal y de permitir a otros que hablaran mal frente a mí; comencé a leer libros de superación personal y espiritual diariamente, uno tras otro; coleccioné todas las obras de ese tipo que me fue posible; comencé a escuchar grabaciones sobre el éxito y el trabajo; cambié, en resumen, mi *alimento mental*. Con nuevos rudimentos, la digestión de ideas se hizo distinta y empezó a producirme un vigor fenomenal. **Cuando cambias lo que comes, cambias lo que eres. La mente se alimenta de conceptos. Al final, nosotros somos el dibujo de las ideas con las que nos alimentamos más continuamente.**

La nueva forma de pensar me ayudó a enfrentarme al juicio penal contra Martín y sus dos amigos.

Mi desgracia se divulgó a los cuatro vientos. Cada familiar y amigo se enteró del problema. La prensa fue dura y amarillista. Publicaron titulares como: *"¿Desquite o desamor?"*, *"Las mujeres toman revancha"*, *"Joven ultrajada demanda al violador y decide tener a su hijo"*. Este último encabezado se acompañó de una serie de disquisiciones en las que se ponía en tela de juicio mi versión. *"Si lo que la joven relata fuera verdad, no toleraría dar a luz un vástago de uno de los corruptores. Nos enteramos de buena fuente de que ella era su novia y tenía una vida sexual activa con él, de modo que posiblemente la demanda sea producto más de un desamor que de un ultraje."*

De no haber tenido el apoyo del grupo de mujeres, no hubiera soportado tantas invectivas. Sobre todo porque había algo de cierto en ellas.

El juicio, como me lo advirtieron, fue largo y penoso.

Después de una de las sesiones más desgastantes, Martín me alcanzó y me amenazó con una rabia ingente:

—Eres una prostituta. Ya verás lo que le va a pasar a tu bebé. Siempre será el punto débil que te unirá a mí...

Salí de la audiencia y lloré. La maestra de psicología estaba a mi lado.

—¡Qué duro! —le dije—, con todo lo que pasa cada vez me

convenzo más de que Martín es un hombre desequilibrado. Seguramente tarde o temprano volverá con arranques de violencia a reclamar su paternidad o a tratar de vengarse de mí, usando al niño.

—Muy pronto estará en la cárcel.

—Pero algún día saldrá... Además, ¿cómo se lo explicaré a mi hijo cuando crezca?

La maestra se quedó pensativa y después de un rato me dijo:

—Debes moverte y buscar todos los elementos para decidir qué hacer. **Las soluciones no llegan a tocarle la puerta a nadie, hay que salir a buscarlas.**

—¿Qué propones?

—Un buen amigo trabaja al frente de un albergue de niños. Me gustaría que platicaras con él.

—¡Ni lo pienses! Estás loca si crees que sería capaz de abandonar a mi hijo en un lugar así.

—No se trata de eso...

—¿Entonces?

—Sólo acompáñame.

Como dije anteriormente, mi mente estaba abierta a aprender, así que al día siguiente fui con mi maestra de psicología al albergue.

El amigo resultó un médico muy amable. Acompañado de dos trabajadoras sociales me mostró las instalaciones de un inmueble que parecía entre escuela y hotel de quinta categoría. Los dormitorios colectivos eran austeros, las viejas camitas individuales se apretujaban unas con otras. Los baños estaban maltrechos y sucios. Decenas de niños nos seguían. Para ellos cada visita era toda una fiesta. Noté algo raro y pregunté:

—¿Tienen bebés?

—Pocos. Ellos son adoptados con facilidad.

—¿Los niños mayores se rechazan?

—En cierta forma, pero la situación es peor. Están aquí en custodia pero no pueden darse en adopción porque los verdaderos padres vienen a firmar periódicamente para no perder sus derechos. Algunos niños crecen y se escapan, otros van de visita a su casa de vez en cuando y regresan golpeados, drogados o violados...

Llegamos a las oficinas y, antes de entrar, una niñita de escasos cinco años se paró delante de mí y me ofreció un listón sucio como regalo. Se me partió el alma y la abracé. Salió corriendo llena de alegría.

—¿Ella tampoco puede ser adoptada? —pregunté.

—No. Su situación legal se lo impide. La madre se niega a ceder su potestad. Son niños a los que se les ha quitado la opción de tener un hogar —el hombre caminó hacia el archivo y lo señaló—. Por otro lado, hay muchas parejas con estabilidad económica, madurez emocional y espiritual que no pueden tener hijos; serían excelentes padres, han estado en espera de un bebé desde hace meses o años, pero cuando les hablas de adopción a las madres biológicas se ofenden. La mayoría de las personas —varones incluso— son tan posesivas y egoístas que prefieren ver a su hijo muerto que con otra familia.

—¿No le parece una exageración?

—Amiga, ¿olvidas que, legal o no, el aborto es la opción preferida? Se matan millones de niños al año con esta práctica. Los padres se sienten dueños de sus hijos, los perjudican, asfixian, les impiden crecer, los prefieren en la miseria mental y material que prosperando y siendo independientes. El amor obsesivo y consentidor es el primer enemigo del progreso.

—Yo estoy embarazada —confesé—, y muy confundida...

—Lo sé, ya me han explicado tu caso; eres una madre sola de diecisiete años. Si decides abortar, estarás evadiéndote de un hecho cobardemente, buscando salidas fáciles sin importar que con ello perjudiques definitivamente a otra persona.

—Yo no pienso hacer eso —me defendí de inmediato—, siento al bebé crecer en mi interior. No podría matarlo por más que su padre fuera malvado. Existen muchas personas con progenitores viciosos o conflictivos, pero el tener un padre así no nos quita a nadie el derecho de vivir.

—Muy bien; eliminando eso, te quedan pocas opciones: si tomas la postura de sacar adelante a tu hijo sola, será un sacrificio muy loable, pero no podrás evitar sentir el aguijón de recuerdos amargos al verlo y, por tu edad, seguramente los abuelos terminarán interviniendo a tal grado en la educación del pequeño que les delegarás gran parte del compromiso. La última alternativa... —se detuvo; yo no quería oírlo pero era evidente— es darlo en adopción. Eso te exigiría mucho mayor dolor y sacrificio que las otras dos, sobre todo porque no lo harías por zafarte del problema, sino por la conciencia de que el niño va a crecer en un lugar estable con padre, madre, primos, tíos, que va a estar bien, con gente que lo adora y lo necesita mucho, que en suma va a hallarse mucho mejor que a tu lado.

La opción me parecía lógica, pero mi corazón se rebelaba con vehemencia.

—¡Conozco muchas madres que han podido educar a sus hijos sin padre y eso es mucho más meritorio!

—De acuerdo. La maternidad convierte a las mujeres en seres grandes, excelsos, pero no todas triunfan en ese aspecto. Tú puedes ser la mártir que se arroja al ruedo sola haciendo mal papel para ella y para el niño o puedes atreverte a amarlo entendiendo al amor como **la capacidad y la buena disposición para que los seres queridos sean felices aunque sea lejos**... Pensar así, es saber amar, no vivir un egoísmo disfrazado de romanticismo rosado.

Una de las trabajadoras sociales habló apoyando al médico.

—Será como decirle a tu hijo: *Te quiero tanto que soy capaz de hacer cualquier cosa por ti, incluso dejar de verte para siempre si eso es lo que más te conviene.*

El recinto se volvió una pintura congelada. Todos me miraban en silencio. Agaché la cara. Después de unos minutos objeté:

—Un niño adoptivo tarde o temprano se entera y le reprocha a su verdadera madre que lo haya dado en adopción.

—Tal vez, pero es un trauma mínimo que se supera pues para entonces ya tiene formación y cimientos.

—¿Entonces lo mejor para todas las madres solteras es dar a su hijo en adopción?

—No. Cada caso es distinto y debe analizarse por separado. Para el tuyo, en especial, creo que es lo más conveniente.

—Usted habla así porque es hombre.

—Los hombres somos fríos, las mujeres emotivas. Ambos sexos debemos buscar un punto medio. La vida se entiende mejor cuando el hombre se hace más sensible y la mujer más reflexiva.

Mi maestra me abrazó y susurró como si estuviésemos solas:

—Nos encontramos aquí únicamente para oír opiniones. La decisión la tomarás con toda calma cuando tengas todos los elementos. ¿Quieres entrevistarte con mujeres que abortaron para que te digan lo que sienten después de haberlo hecho?

—No, gracias. Me lo imagino.

—¿Entonces con mujeres que han enfrentado solas el problema o que le dieron a los abuelos la paternidad, fingiendo toda la vida ser la hermana mayor del pequeño...?

Me quedé con la vista perdida y algunas lágrimas se escaparon de mis ojos.

—Eso debe de ser dolorosísimo —reflexioné—. No poder abrazar al niño, no poder decirle: "hijo, te amo", tener que verlo crecer como un hermano alejado de la guía y autoridad que le corresponde... Gracias, profesora, pero no lloro porque me sienta presionada o porque me falten datos, lloro porque creo haber tomado ya una decisión y sólo de pensar en ella se me parte el corazón.

El médico aprovechó para concluir:

—Si tu hijo estuviese condenado a una enfermedad terrible y la única forma de salvarlo fuese que tú tomaras una medicina muy amarga, ¿lo harías?

Asentí.

Una medicina para salvarlo a él. Nunca lo había visto así.

—¿Qué tengo que hacer?

—No te sientas presionada.

—No lo estoy —insistí—, ¿cuál es el siguiente paso?

El director del centro le pidió a una de sus trabajadoras sociales algo que no pude entender. La señorita salió de la oficina y volvió a entrar en unos minutos trayendo consigo una voluminosa carpeta. El médico la revisó rápidamente y me la extendió:

—Son copias de todos los informes recopilados respecto a padres que desean adoptar un bebé recién nacido. Revísalos. Si estás bien segura, elige una pareja con la religión, costumbres, edad, profesión, pasatiempos, actividad profesional y carácter que mejor te parezca. Tienes treinta y tantas opciones. Todas son excelentes. En la carpeta no vas a encontrar domicilios ni nombres completos pues el proceso es anónimo y confidencial: ellos no te conocerán a ti ni tú a ellos. La adopción se hará a través de la agencia y después, aunque te arrepientas, no podrás localizar a tu hijo jamás.

—Qué terrible... —susurré tomando el expediente.

Mi dolor era profundo, pero mi amor era más.

Le comuniqué a mis padres la decisión. En otro contexto ellos tal vez la hubiesen cuestionado, pero dadas las circunstancias, me abrazaron muy fuerte y me brindaron su apoyo. No les gustaba pero reconocieron que era lo mejor. Juntos revisamos los expedientes. Papá hizo cuadros comparativos. Estudiamos con detalle cada testimonio. Fueron varias semanas de trabajo y meditación.

Cuando enviamos a la agencia de adopciones el nombre de la pareja elegida, sentí que había dado el paso más difícil de mi existencia.

El médico habló a mi casa y me dijo cuán feliz estaba el matrimonio que había seleccionado. Media hora después, volvió a llamarme para preguntarme algunos datos y me informó que la pareja seguía llorando de alegría.

Saber que el bebé era deseado de esa forma me dio cierta paz, pero al acercarse la fecha del parto, mis emociones se fueron tornando sombrías. Por momentos me arrepentía y quería echar marcha atrás; era como ir en el vagón de la montaña rusa dirigiéndome hacia arriba para tomar la primera pendiente y darme cuenta demasiado tarde de que deseaba bajarme.

En esos meses crecí mucho. Me hice mujer, aprendí a confiar en el Poder Superior del que hablaban los doce pasos del grupo...

El parto fue natural. Sufrí los terribles dolores que tal vez se hicieron más grandes por estar acompañados de una gran tristeza. Cuando el alumbramiento terminó, oí llorar al niño y dije:

—Déjenme verlo.

—Lo sentimos —contestó una voz—, pero no puede ser. El reglamento de adopción lo prohíbe.

—Necesito despedirme de él —lloré—, por favor.

—No es posible, lo sentimos.

Escuché que se alejaban.

—¡Alto! —grité—. No se vayan. La adopción es una medicina amarga para salvarlo a él. Yo me la voy a tomar. Se lo prometo, sólo déjenme despedir. Es lo único que pido.

Hubo silencio en la sala. Los médicos sabían que no debían arriesgarse a infringir las reglas, pero tampoco podían negarme lo que les solicitaba.

—Sólo un minuto... —me dijeron.

Pusieron sobre mi pecho un bebé varón.

Lo abracé llorando, lo acaricié, lo llené de besos. Hablé con él, le expliqué lo que iba a pasar. Se calló, como si me entendiera. Mis lágrimas le mojaban el rostro. Le dije que lo amaba y que por eso, sólo por eso, permitía que se alejara de mí.

Sé que la bendición de una madre acompaña a su hijo siempre y que es profecía de Gracia. Bendije a mi bebé con todas mis fuerzas... Cuando el médico se acercó para quitármelo, cerré los ojos y pensé que se lo entregaba a Dios. Supe que Él lo tomaba en sus brazos y me prometía cuidarlo y estar a su lado siempre.

Sin esa convicción absoluta quizá, años después, hubiera enloquecido buscando al hijo que di... He sufrido mucho de todas formas pero sin desesperación, investida de paz al saber que fue lo mejor para él. He entendido, con esa experiencia durísima, que nadie puede destruir a un ser humano, que por mucho que haya sufrido es un ser único, extraordinario, que vale mucho y que la tragedia vivida sólo lo lleva al crecimiento. Cuanto más incongruente parezca a los ojos humanos el dolor, más fuerza vivificante hay detrás de él, más trascendencia, más respaldo de un bien mayor. Muchos que sufren no lo comprenden, pero tampoco deben desesperarse tratando de hacerlo. La confianza espiritual mueve montañas.

Aceptar su pasado, su familia, su físico y conceptualizarse como un ser humano amado por el Creador, con grandes valores y con una misión que cumplir... fue tal vez... lo que le faltó a Alma...

Tomé a Lisbeth de la mano y la apreté con fuerza.

—Gracias —le dije limpiándome las lágrimas con el brazo libre.

—Zahid, dime una cosa —me preguntó—. Cuando hablamos por teléfono al hospital San Juan, no nos quisieron dar ninguna información. Tú, enojado, exigiste que te dijeran el *tipo* de hospital. Te pusiste pálido, cuando contestaron, pero no me aclaraste de qué se trataba... ¿Adónde vamos? ¿Desde dónde te escribió tu hermana? ¿Por qué te pide en su carta: *"Si no puedes venir a verme, por favor, no le digas a nadie dónde estoy"*?

Me agaché sin responder su pregunta. Lisbeth trató de adivinar.

—Se trata de un hospital psiquiátrico, ¿verdad?

Negué con la cabeza.

—¿Entonces?

Un escalofrío recorrió mi espalda al decirlo.

—Es una clínica para farmacodependientes.

Llegamos a nuestro destino y bajamos del taxi inmediatamente. Le di al conductor el boleto que pagué en el aeropuerto y caminé preocupado hacia la entrada del sanatorio. De repente recordé las palabras de Lisbeth antes de emprender el viaje:

Zahid, acabo de descubrir algo que tampoco te va a gustar... Tu hermana escribió esta carta hace un mes. Ella no le puso fecha, pero el matasellos lo dice.

Me volví sobre mis pasos y grité para detener al coche, que ya se iba. Lo alcancé un poco sofocado.

—Venimos buscando a una persona que estaba hospitalizada —expliqué—, pero es muy posible que ya no se encuentre aquí y tengamos que ir a otro lugar. ¿Usted podría esperar y llevarnos en caso necesario?

—Por supuesto —contestó el chofer sin poder ocultar la alegría de cobrar algún servicio extra a esas horas.

Echó en reversa su automóvil y lo estacionó.

Cuando entré al sanatorio, mi esposa ya estaba hablando con una monja que parecía ser la encargada de la recepción.

—Nos urge mucho saber de Alma Duarte —le explicaba—. Es paciente de ustedes. Recibimos una carta de ella e hicimos un viaje muy largo para venir a verla.

—Duarte, dijo, ¿verdad?

Asentimos mientras abría el archivo y buscaba detenidamente. Después de un rato, que me pareció eterno, se irguió y comentó cerrando el cajón:

—No hay ningún expediente con ese nombre, ¿están seguros de que estuvo en *este* hospital?

—Estamos seguros.

—¿No habrá algún error?

Me impacienté. Extraje mi cartera y busque la tarjeta arrugada en la que anoté la dirección que me habían dado por teléfono y la arrojé sobre la barra.

—Hablé ayer, como a las seis de la tarde, pregunté por mi hermana y me dijeron que la conocían, pero que no podían darme datos telefónicamente. Por eso estamos aquí.

—¿Con quién hablaron?

—Señorita, lo ignoro, pero puedo decirle que *no* fue una persona cortés. Espero que usted sea diferente.

—Alma Duarte, ¿verdad?

—Sí.

La monja caminó hacia un privado y se metió en él. Después de unos minutos salió acompañada de una mujer rolliza vestida de blanco. Ambas se veían un poco turbadas.

—¿Ustedes son familiares de Alma?

—Sí —casi grité—. Es mi hermana.

—¿Qué saben de ella? —preguntó.

—¿Qué tenemos que saber? Vivía con mis padres hace varios años, pero decidió independizarse, eso es todo.

La mujer obesa me miró como esperando que le dijera más.

—Efectivamente es una paciente nuestra... Pero... Es un caso especial.

—¿Especial?

—Sí. ¿No está usted enterado de lo que ha pasado con ella en los últimos años?

Negué con la cabeza sintiendo el fantasma de una maligna premonición.

—Pues, dadas las circunstancias —concluyó la enfermera con gesto de celadora—, yo no puedo darle información de esta paciente. Deberán esperar a la psicóloga social. Si le llamo en este momento tardará un par de horas en llegar.

—¡Pero cómo se atreve…!

Casi me subí al mostrador preso de una ira incontrolable. Las dos mujeres, asustadas, se hicieron para atrás.

14

EL RASCACIELOS

Lisbeth y yo nos hallábamos en la austera recepción del hospital, recargados el uno en el otro, esperando que llegara la psicóloga social.

Pude haber arrancado a las enfermeras las noticias que me ocultaban, pero se encerraron en la oficina y no salieron sino hasta haber calculado que mis ánimos se habían tranquilizado.

"Además —racionalicé—, es una hora muy impropia para visitar a Alma, dondequiera que esté."

El taxista entró furioso a preguntar si se iban o no a requerir sus servicios. Me puse de pie para disculparme y extraje un billete de la cartera que le extendí como pago por su espera. El hombre me lo arrebató y se retiró sin dar las gracias.

Volví a sentarme junto a mi esposa y cerré los ojos tratando de calmarme. Pensé en muchos temas buscando distracción: *la próxima ceremonia inaugural de mi empresa, lo extraño del viaje que habíamos realizado, la forma en que Lisbeth y yo nos reencontramos.*

Sin querer, mis pensamientos se detuvieron ahí.

Ella tenía treinta y dos años; yo treinta y tres.

Lisbeth había sido postulada para recibir un premio por su labor realizada como directora del "Centro de Protección para la

Mujer". Era una psicóloga con posgrados relacionados con la motivación de la conducta humana. Yo formaba parte del comité que otorgaba los galardones. Estaba sentado en la mesa de honor cuando el maestro de ceremonias llamó a Lisbeth. El público aplaudió. Una espigada mujer de aspecto elegante subió a recibir su premio al estrado. Apenas se acercó, tuve la certeza de haberla visto antes, de saber quién era. Incluso, aunque mi mente perezosa y torpe tardó en acordarse, mi corazón reaccionó de inmediato, saltó y empezó a latir cual si se hallase frente a la mujer en la que había soñado por años aguardando pacientemente la hora de volverla a ver: ¿Es ella? Cuestionaba mi intelectualidad incrédula. No. No puede ser... Ha pasado tanto tiempo... Personalmente le di el diploma y la felicité con un apretón de mano. Luego pasó al atril para dar un breve discurso de agradecimiento. Su forma de inclinarse frente al micrófono, su forma de mirar a la audiencia con ternura y autoridad, su voz pausada y clara, su sinceridad y su magnetismo, no me dejaron duda. Había sido mucho tiempo de pensar en aquella joven del testimonio, de fantasear con lo que le diría si volvía a verla... Mis manos temblaban al contemplarla.

El público le aplaudió. Lisbeth descendió del estrado y yo me puse de pie, disculpándome, para bajar por el otro lado del escenario discretamente.

El congreso de "valores" estaba tocando a su fin. Yo era director de la Asociación Nacional de Empresarios Jóvenes y se me había delegado el discurso de clausura. Sólo tenía tres o cuatro minutos. Le pedí a una edecán que llamara a la recién galardonada.

—¿Te acuerdas de mí? —le pregunté sin muchos rodeos en cuanto llegó acompañada por la auxiliar.

—No —contestó con el ceño ligeramente fruncido.

—Tú fuiste burlada y deshonrada por un hombre.

Enrojeció de inmediato y me miró atemorizada.

—Te vi al frente de un grupo dando un testimonio de amor a la vida. Me impactaste. Hablaste del pájaro que vivía resignado en un árbol podrido enmedio del pantano comiendo gusanos, sucio por el pestilente lodo, hasta que cierto día un gran ventarrón destruyó su guarida y él se vio forzado a emprender el vuelo llegando finalmente a un bosque fértil. La figura de un pájaro volando sobre el pantano me ha motivado durante muchos años a salir de mi propia ciénaga.

Lisbeth hizo un esfuerzo por recordar. Me estudió con la mirada.

—En aquel entonces —la ayudé—, no tenía esta prótesis ocular... Yo era un joven tímido... Leyendo y subrayando un libro a la entrada del grupo de autoayuda.

Me observó unos segundos más sin poder articular palabra.

—Dios mío —susurró asintiendo al fin—. Qué pequeño es el mundo.

El presentador anunció la conferencia de clausura.

—Tengo que decir unas palabras —me disculpé—; por favor, no te vayas. Hay muchas cosas que quiero platicarte.

Subí al estrado y comencé la charla comentando que estaba muy contento, ese día en especial, porque acababa de reencontrar a una mujer que muchos años antes me motivó, sin saberlo, a alcanzar mis más altas metas.

Pueden lograr sus anhelos, sobre todo si luchan por amor. Amor a Dios, a ustedes mismos, a la vida que tienen, a la pareja que tal vez no conocen.

Pensando en aquella pareja, un día me decidí a luchar inexorablemente. Ella merecía mi mayor esfuerzo y yo debía crecer para poderle dar lo mejor, en su momento.

Una noche me acosté preguntándome cuál sería la clave para triunfar.

Entonces soñé que la vida era un enorme rascacielos al que debíamos subir.

Los seres humanos iniciábamos en uno u otro piso nuestro ascenso según el nivel socioeconómico en el que nacíamos, pero aun los más privilegiados se hallaban en estratos bajos pues el rascacielos era infinitamente alto.

En cada piso había dos zonas perfectamente diferenciadas:

PRIMERA. *LA ESTANCIA DE DISTRACCIONES:* Una *enorme estancia, llena de amigos, camas, televisores, fiestas y juegos, en la que podías pasártela extraordinariamente bien durante años enteros.*

SEGUNDA. *EL TÚNEL DE ELEVADORES:* Un largo y *amplio pasillo lleno de talleres y mesas de estudio en el que podías adquirir conocimientos y experiencias.*

A este enorme corredor se le denominaba "túnel de elevadores", porque sus paredes estaban llenas de elevadores cerrados. Cuando se abría la puerta de uno, muchas personas saltaban y corrían hacia ella. Rápidamente se hacía una fila. El operador entonces formulaba una pregunta a la persona que había llegado primero. Si no sabía la respuesta correcta se le descartaba, se le hacía la pregunta a la persona que seguía en la fila y así se continuaba hasta hallar a la que tenía los conocimientos requeridos; a ésta se le dejaba subir y se le transportaba a un piso superior; mientras tanto, la puerta del elevador volvía a cerrarse frente a la mirada triste de todos los rechazados... Algunos, decepcionados, se iban a la estancia de distracciones, otros se quedaban en el túnel para volver a intentarlo.

Había quienes se la pasaban caminando, buscando que los elevadores se abrieran, pero sin trabajar ni estudiar, de modo que jamás subían porque no tenían los conocimientos exigidos.

Otros, por el contrario, se la pasaban muy entretenidos laborando y no se ponían de pie cuando el elevador se abría. Éstos, aunque tenían los conocimientos, eran demasiado timoratos para ser elegidos.

La persona que lograba subir, en el nuevo piso se encontraba con que la estancia de distracciones era más atractiva aún que en los pisos inferiores. De la misma forma el túnel de elevadores tenía talleres y mesas de estudio de mucha mayor dificultad, por eso, cuanto más alto era el piso, había menos candidatos a subir cada vez que se abría un elevador.

Un detalle interesante llamó mi atención: los que se quedaban abajo difamaban y se burlaban cobardemente de los que subían muy alto. Siempre les decían que habían tenido buena suerte. Y en mi sueño supe que si la suerte era poseer los conocimientos necesarios y al mismo tiempo tener la agilidad para ponerse frente a la puerta que se abre, efectivamente los grandes hombres tenían mucha suerte.

Hice una pausa para observar a la audiencia.

Con agrado comprobé que Lisbeth me escuchaba de pie en el sitio en el que la había dejado. Entonces me sentí emocionado y continué mi discurso con mayor fuerza y exaltación:

Si tienes un familiar rico, no te creas con derecho a pedirle que te dé dinero. No lo tildes de tacaño, avaro, mezquino, miserable o egoísta si se niega a ayudarte. Tal vez tiene lo que tiene porque ha perdido menos tiempo que tú en la estancia de distracciones, porque mientras tú te la pasas haciendo planes sin mover un infame dedo, él se ha esmerado por prepararse en el túnel de elevadores y ha estado pendiente de las puertas que se abren. Eso es todo.

Puedes subir hasta donde quieras. Sólo los arcaicos de mente piden limosna; sólo ellos son inútiles, aunque tengan veinte años de edad... Pero tú eres joven mentalmente... Tú puedes lograr tus sueños.

Es bueno pedirle a Dios lo que deseas. Está bien hablar con Él y confiarle tus anhelos, pero hoy te reto a que en vez de decirle a diario: "Dios mío, ayúdame en el negocio, la entrevista o el examen que voy a realizar". Le digas: "Señor, lo que tengo que hacer, lo haré lo mejor que pueda, pondré mi mayor cuidado y entusiasmo. Obsérvame en la entrevista o en el examen. Te brindo mi mejor esfuerzo este día y dejo en tus manos el resultado..."

Eso es ser responsable.

Cuentan de un hombre que olvidó su bicicleta en el mercado. Al día siguiente, desanimado, seguro de que alguien se la habría llevado, regresó a buscarla. Se llenó de alegría al encontrarla exactamente en el mismo lugar en que la había dejado. Cuando iba de regreso a su casa pasó junto a un templo, se detuvo para darle gracias a Dios por haber cuidado su bicicleta toda la noche y cuando salió del templo, su bicicleta ya no estaba...

Amigo, amiga. Dios no cuida bicicletas. Él te da advertencias para que hagas tu parte... Tienes inteligencia, voluntad, conciencia, cuerpo; todos los elementos para triunfar, si no logras tus anhelos es que no pagaste el precio. Punto. No hay más... No le des más vueltas, no pongas más excusas... Comienza a hacer lo que te corresponde hoy mismo. Te reto a que tu mejor esfuerzo se convierta en tu mejor plegaria...

No lo olvides. Para subir el rascacielos se requieren dos elementos básicos. **PREPARACIÓN Y SENTIDO DE URGENCIA.**

Moverse, estar atento a las puertas que se abren, saber que tu tiempo es importante, que no puedes dejar pasar este día sin haberlo aprovechado cabalmente. Porque hay gente a la que no le corre la vida, que parece tener aceite en las venas, que está en su trabajo y se la pasa viendo cómo se mueven las manecillas del reloj y contando los segundos que faltan para salir. ¡Parásitos!, ¡estorbos!, ¡críticos que envidian el éxito de otros!, ¡mediocres que hablan mal de los de arriba!, ¡resentidos que no soportan que otro triunfe, y menos si vive cerca, si es de su misma ciudad o país, si es de su misma edad o más joven...! Pero entiéndelo... Para subir sólo requieres de dos elementos: **SENTIDO DE URGENCIA Y PREPARACIÓN.** *¡Paga el precio de ser alguien...! ¡Muévete en el corredor de elevadores!*

Invierte en tu mente... Aprende, prepárate... Tú no vales lo que valen las facturas de tus bienes materiales, vales lo que tienes en la cabeza... Aumenta tu capital mental y lo demás vendrá solo... Únicamente lo que guardas en la mollera te llevará firmemente hacia tus anhelos...

Hace poco escuché a una señora que se condolía de su ayudante doméstica diciendo:

—La pobrecita es anafabeta, no sabe leer...

Después supe que entre ella y su ayudante doméstica no había mucha diferencia, pues su ayudante no sabía leer y la señora **sabía, pero no lo hacía,** *de modo que eran equivalentes. Una NO tenía la habilidad, otra la tenía, pero no la practicaba... Eso se llama ser un "analfabeto con credenciales".*

Entiéndelo de una vez... Jamás subirás el rascacielos sin pa-

gar el precio de llenar tu cerebro de conceptos y experiencias, de buscar puertas abiertas con valor y decisión. Así de simple. Ya no hay lugar en los pisos superiores para los que se evaden en fiestas, viendo la televisión obsesivamente, hablando horas por teléfono, saliendo a perder el tiempo, buscando distracciones de cualquier tipo, viendo película tras película, descansando y durmiendo...

Un consejo más: ORGANÍZATE... No actúes como muñeco de cuerda. La **buena puntería** de tu sentido de urgencia es básica para lograr los resultados deseados. No gastes energía en asuntos vanos. Pon en orden tus prioridades. Hay personas que pasan horas moviéndose de un lado a otro, pero nada de lo que hacen es verdaderamente valioso. Creen que cuanto más ocupados están, más importantes son... y con frecuencia se quejan por sentirse agotados y nerviosos, pero lo que más produce tensión, es saber que hemos estado aplazando nuestros proyectos importantes por ocuparnos en asuntos vanos; hay dos tipos de seres: cazadores de pulgas y cazadores de elefantes. Si pierdes el tiempo en mil detalles sin importancia acabarás exhausto y sólo tendrás pequeñas e insignificantes pulgas en tu bolsa. Si por el contrario te concentras en los asuntos de trascendencia, tal vez trabajarás igual, pero atraparás paquidermos. **Lo que importa no es qué tan ocupado estás, sino cuánto, de lo que realmente importa, estás haciendo...**

¡Haz las cosas! ¡Deja de suspirar y hacerte el mártir! ¡Si no triunfas, es porque no te da la gana! No pongas otra excusa, pues no la hay. SAL AL CAMPO DE BATALLA... Hazte oír, hazte valer... "Trabajad y haceos publicidad." Si no crees en ti, nadie lo hará, si no levantas la mano por temor a la crítica, podrás morirte y nadie te echará de menos. ¡Lucha! ¡Hasta un poeta luchador es mejor que un poeta aislado! El hombre que se dice intelectual o espiritual y se retira permanentemente, en realidad es un holgazán. Cuando estés muerto, podrás retirarte con los espíritus, cuanto te apetezca. Hoy, en tu país, en tu empresa, en tu familia, se necesitan **CONOCIMIENTOS Y ACCIÓN**. La desidia es sinónimo de cobardía. Enfrentarse al mundo con agallas es la única forma de llegar primero al elevador y hacer historia. ¡Nunca alcanzarás tus metas sentado en la estancia de distraccio-

nes, comiendo palomitas, viendo una película y quejándote de tu mala suerte...!

Cuando terminé el discurso estaba sudando, despeinado, agitado. Caminé detrás de la cortina para dirigirme a los camerinos laterales.

Me hallaba tomando un poco de agua y limpiándome la frente cuando apareció Lisbeth.

La puerta estaba abierta y ella entró sin tocar para pararse delante de mí, en silencio. Se veía nerviosa, y excepcionalmente bella... No supe qué hacer ni qué decir.

Los amores que tienen mayores posibilidades de perdurar NO se fraguan en los momentos de inmadurez. Ambos habíamos aprendido SOLOS a pagar el precio de subir el rascacielos. ¡Después de *quince años* nos reencontrábamos!

Ninguno atinaba a decir palabra. Fue uno de los instantes más bellos de mi vida.

—Lo que comenté al principio —articulé al fin—, referente a la mujer que me motivó a superarme aún sin conocerla... Se refería a ti.

—Así lo entendí. Sólo vine a darte las gracias.

Entonces me atreví a dar un paso hacia ella. Puse una mano sobre su brazo y en un gesto cariñoso le dije que la admiraba y la respetaba mucho y que, si aceptaba, me gustaría invitarla a cenar.

Me sobresalté cuando la puerta del sanatorio se abrió.

—¿Te quedaste dormido? —preguntó Lisbeth.

—No. Sólo recordaba con los ojos cerrados.

Una mujer alta con una abundante cabellera teñida de color zanahoria entró a la recepción, nos saludó cortésmente y siguió de largo hacia las oficinas.

Abrigamos la esperanza de que se tratara de la psicóloga social que estábamos esperando. No nos equivocamos.

Después de unos minutos, salió la monja para invitarnos a pasar.

El cuarto era extremadamente pequeño. Sólo había un viejo escritorio metálico y dos sillas forradas de plástico. Tomamos asiento frente a la extravagante mujer que se había puesto una bata blanca. La recepcionista abandonó el lugar y cerró la puerta. O era una madrugada muy cálida o yo estaba verdaderamente exacerbado, porque sentí que me sofocaba.

—¿Son familiares de Alma Duarte?

—Es mi hermana.

La mujer hojeó el expediente que estaba frente a ella. Su actitud era desconcertante.

—Me llamaron para que viniera a hablar con ustedes. Son las tres de la mañana. Comprenderán que hay pocas emergencias para una psicóloga social.

Lisbeth y yo guardamos silencio esperando que la mujer se dejara de ambages.

—¿Qué fue lo último que supo de su hermana?

Me impacienté.

—Que se fue de la casa cuando tenía diecisiete años para vivir en unión libre con un sujeto que le triplicaba la edad, que ese sujeto era un déspota autoritario, que yo le escribía cada mes y nunca me contestaba, que le envié cientos de libros y casetes, que es una mujer muy hermosa, pero tiene algunos… traumas. ¿Quiere más?

—¿Y por qué vinieron a buscarla aquí?

Extraje de mi bolsillo la carta y se la extendí. Ella la desdobló y la leyó con rapidez. Después la dejó sobre su mesa lentamente y comenzó a hablar escogiendo cuidadosamente sus palabras.

—En efecto. Alma estuvo internada en este hospital hace más de un mes. La trajeron inconsciente por una sobredosis.

—Ella, ¿vive?

El tiempo que la mujer tardó en contestarme fueron los segundos más largos que recuerdo.

—Es heroinómana…

Asentí lentamente sintiendo el impacto de la noticia, aunque ya esperaba oír algo así. Sin embargo, tenía que haber más. No era lógico que en un hospital de *ese tipo* hicieran tanto protocolo para darnos una información que, de entrada, era evidente.

—Pero, ¿está bien? —preguntó Lisbeth.

—Cuando llevaba más de la mitad del tratamiento se escapó.

—Y usted, ¿sabe dónde está?

Agachó la vista como si se tratara de algo muy triste.

—Me temo que sí.

Volvió a tomar la carta entre sus manos.

—La he visitado un par de veces, pero no quiere oírme... Señor Duarte, ¿ya se dio cuenta de la profundidad que tiene la carta que ella le escribió?

Me sentía como un niño reprendido por su madre... La mujer parecía tratar de decirnos algo que supuestamente ya debíamos saber.

—Aquí dice: *"Zahid, he perdido, igual que tú, algo irrecuperable... ¿sabes? Hubiera querido no ser mujer, no ser tan débil, no haberme encerrado en mi angustia... No haber nacido..."*

Me puse de pie con una mano en la cabeza y levanté la voz exacerbado.

—Señora, por favor, ¿puede dejar de dar rodeos y hablar claro? ¿Dónde está mi hermana?

La mujer tomó un papel de recados y anotó un domicilio. Después me lo extendió. Lo leí, pero no me dio ninguna pista.

—Aquí pueden encontrarla.

—¿Qué es esto?

—La dirección de su departamento.

Abrí la puerta del diminuto cuarto dispuesto a largarme de ahí. Eso era todo lo que necesitaba. Jalé del brazo a Lisbeth para que se apresurara a salir conmigo. La psicóloga me detuvo.

—Le recomiendo que no vaya en este momento. Son las tres de la mañana y...

—¿Y qué...? —grité con los ojos inyectados de sangre—. Hábleme claro de una vez. Mi hermana es una mujer adulta, si tiene otro amante, ¿por qué lo hace tan complicado?

—No, señor Duarte —y entonces, arrastrando las letras me lo dijo—: Es prostituta...

15

¿POR QUÉ ME EXCLUYERON?

Una cascada de agua helada se vertió sobre mí.

Di un paso hacia adelante y me desplomé en la silla sintiendo que la sangre se me paralizaba en las venas.

—En este hospital tratamos de ayudarla—explicó la mujer—, pero las cosas se complicaron.

Tomó un lapicero de la mesa y comenzó a darle vueltas muy despacio.

—Está inmersa en circunstancias de las que no es fácil salir... Después del diagnóstico cayó en una terrible depresión. Sigue inyectándose droga. Necesita ayuda. Urgente. Hicieron muy bien en venir. La familia puede auxiliar en estos casos, pero cuando hablé con ella al respecto me aseguró no tener familiares.

Por primera vez en mucho tiempo sentí que me resquebrajaba.

La mayoría de los hombres creemos que las mujeres de la casa tienen insensibles e inútiles cuerpos de porcelana. Por eso, nunca hablamos de sexo con ellas y a veces la decepción se convierte en cólera cuando nos enteramos, no siempre con circunstancias gratas, que la hermanita menor o la hija también practica su sexualidad. Eso me ocurrió cuando Alma se fue con aquel tipo. Hoy la estocada llegaba más profunda. Yo había logrado un buen nivel económico. Siempre hice todo lo que estuvo a mi alcance por apoyar a mi hermana. ¿Vendía su cuerpo para comer? ¿Y por qué no aceptó la ayuda que tan insistentemente le ofrecí? ¿Acaso no lo hacía por dinero sino por una total y absoluta degradación? ¿Practicaba el oficio más viejo del mundo para poder drogarse?

¿O la droga vino después? ¿Y por qué me escribía para que le tendiera una mano cuando estaba tan hundida? ¿Por qué no reaccionó antes?

Me tapé el rostro con ambas manos.

Lisbeth me abrazó por la espalda y quiso darme esperanzas, pero mi dolor le dolía tanto, también, que no podía hablar.

Después de un tiempo indefinible, nos pusimos de pie con cierta torpeza cual si recién hubiésemos sufrido un accidente. En cierta forma así era. El vehículo en el que viajaba mi alma se había ido a un acantilado y estaba tratando de salir de los restos, incrédulo tanto de lo que me había ocurrido, cuanto de estar vivo aún.

La psicóloga nos preguntó si podía acompañarnos a ver a mi hermana.

—No —le respondí—. No es necesario... Ella debe enfrentarse al hecho de que **sí** tiene familiares. Tal vez necesite decirme cosas muy serias y no quiero que haya testigos cuando eso ocurra.

Salimos a la recepción del hospital y le pedí a la monja que me hiciera el favor de llamar a un taxi. Obedeció de inmediato sin preguntar nada. Era una persona respetuosa del dolor ajeno y se había dado cuenta, sólo con mirarnos, de que ya estábamos enterados de lo que ella no pudo o no quiso decirnos.

El coche llegó casi inmediatamente.

Le dimos la dirección al conductor y éste se dirigió al lugar sin hacer más comentarios.

Durante el trayecto, Lisbeth se limitó a apretarme la mano. Yo iba encerrado en mis elucubraciones, tratando de desenredar la telaraña.

Llegamos al departamento de Alma y me sorprendí al descubrir una zona elegante, de amplias avenidas y restaurantes lujosos.

Miré el reloj. Iban a dar las cuatro de la mañana.

Moví la cabeza confundido:

—Tal vez, como dijo la psicóloga, no sea conveniente irrumpir en su intimidad a esta hora.

El taxista había girado todo su cuerpo para observarnos.

—¿Los llevo a otro lado?

—Sí —contesté—, al hotel más cercano —me dirigí a

Lisbeth—, podemos descabezar el sueño un par de horas antes de comenzar la jornada. Presiento que va a ser un día difícil.

—De acuerdo —aprobó confortada al verme más tranquilo.

—A cinco cuadras —comentó el conductor— hay un hotel. Es cercano pero inadecuado para turistas.

—Adelante —aprobé—. Cualquier lugar es bueno para dormir un rato.

—Con la condición de que esté limpio —objetó Lisbeth.

—Lo está. Es bueno y caro.

Fuimos directamente al sitio y bajamos del taxi.

Nos dimos cuenta de que efectivamente el hotel era lujoso, pero diseñado especialmente para el continuo tránsito de parejas furtivas. Una idea dolorosa cruzó por mi mente. Seguro mi hermana no usaba su departamento privado para "trabajar"; agucé la vista temeroso, pensando que podía estar por ahí.

—Qué curioso —me comentó Lisbeth como tratando de trivializar el momento—, ¿ya te diste cuenta del número de coches que hay en este lugar?

—Sí —contesté siguiendo un poco su juego de disimular la profunda pena que nos llevaba hasta allí—. Un amigo empresario me platicaba que los hoteles turísticos tienen serios problemas para mantenerse en la línea de rentabilidad, pero los "de paso" se hallan, por lo común, con cien por ciento de ocupación.

—¿Y eso qué indica?

—La cantidad tan estratosférica de infidelidades que hay. Las parejas de jóvenes no pueden pagar el dinero que cuesta venir a un lugar de éstos continuamente, así que quienes lo frecuentan son, en su mayoría, personas adultas. Los adultos en su generalidad están casados y un hombre casado, por lo común, no trae a su esposa a un hotel de paso... Te apuesto que, a nuestro alrededor, la mayoría de los cuartos se encuentran ocupados por parejas que están engañando a sus cónyuges.

Entramos al vestíbulo y pedimos un cuarto. El joven del mostrador tuvo problemas para hallar una habitación libre. Finalmente, después de cambiar de opinión dos veces nos dio la llave e indicó el camino. Ni siquiera nos preguntó si llevábamos equipaje. Era obvio que no.

Llegamos a la habitación y entramos.

Efectivamente era un sitio limpio y agradable. Parecía un nido de amor, aunque había algo de artificial en el ambiente.

Me senté en la cama y me descalcé. Lisbeth se sentó junto a mí. La abracé y no pude contener el pesar otra vez. Esto era demasiado increíble para creerse, demasiado ininteligible para entenderse. La miré entre nubes.

—¿Por qué?

Se encogió de hombros. En silencio me decía: *"No sé por qué ocurrió esto, créeme, lo ignoro, tampoco sé lo que vamos a hacer, pero estoy a tu lado, llora conmigo, si así lo quieres".*

Me reincorporé un poco y tomé el teléfono con decisión.

—¿A quién le vas a hablar? —preguntó.

—A mis padres. Viven cerca de aquí. Aunque Alma no quiera que nadie sepa dónde está, ellos tienen derecho...

—Calma. Relájate...Yo haré la llamada. Al rato. Ahora descansa...

Me quitó el aparato telefónico y me empujó cariñosamente hacia atrás. Abracé su cálido cuerpo y, sin saber cómo ni cuándo, me quedé profundamente dormido.

No soñé nada. El físico estaba tan exhausto y la mente tan impresionada que literalmente me fui a otro mundo por cuatro horas.

En mi letargo escuché a lo lejos el agua de la regadera cayendo.

Cuando desperté, me costó unos segundos ubicarme en la realidad y recordar la penosa situación. Al inverso que otras veces, abandonar el sueño plácido me llevó a la pesadilla de mi vigilia. Eran pasadas las ocho de la mañana y Lisbeth se estaba terminando de duchar.

Apenas salió del baño me informó que había telefoneado a mis padres y que no debían de tardar en llegar.

Me acicalé el cabello y acomodé mi camisa arrugada. En efecto, Lisbeth estaba terminando de arreglarse cuando tocaron la puerta.

Abrí vibrando por una repentina agitación.

Mi madre, un poco más rolliza de lo que estaba cuatro meses antes, en mi boda, me miraba. Detrás de ella papá.

—Pasen.

—Gracias. Nos habló tu esposa.

—Sí. Pasen.

Los recién llegados saludaron con un beso a su hija política y se volvieron hacia mí, visiblemente preocupados.

—¿Es verdad que han hallado a Alma? ¿Cómo está?

—Hoy se pondrán al tanto de asuntos muy tristes —comenté lentamente.

—¿Qué ocurre?

—Algo grave.

Mamá fue la primera en sospechar.

—¿Cayó en el alcoholismo?

—¿Por qué lo preguntas? ¿Tú sabes algo respecto a sus... vicios?

—No. Es decir... ¿qué vicios?

—Hicimos este apremiante viaje porque Alma me escribió desde un hospital.

—¿Tuvo un accidente?

—En cierta forma. Los adictos a la heroína nunca pueden saber si la dosis que se inyectan es correcta...

—Alma se...

—Sí —confirmé—. Además es prostituta.

Mi padre estuvo a punto de caerse. Mamá, por el contrario, abrió mucho los ojos y se abalanzó hacia mí, histérica, golpeándome con los puños.

—¡Estás mintiendo! ¡Mentiroso! ¡Lo dices por vengarte de nosotros! ¡Es mentira! ¿Verdad? Di que es mentira...

Sin dejar de golpearme, aunque cada vez con menos fuerza, se fue yendo al suelo lentamente. La detuve. La conduje hasta la cama para que se sentara y me separé. No me conmoví por su escena. Me era imposible definir hasta qué punto era legítima.

—Voy a hacerles una pregunta y quiero que me digan la verdad —miré a papá con mi ojo sano seguro de que le bastaría para darse cuenta de mi ofuscación—. ¿Qué rayos ocurrió con ella *antes* de que se fugara con aquel hombre?

Por unos segundos ninguno de los dos se atrevió a hablar.
Mamá seguía sollozando.
Sin mirarlo comentó:
—Tendremos que decírselo.
Lisbeth estaba de pie junto a la pared sin lograr asimilar cuanto estaba presenciando. El aire se volvió difícil de retener por los pulmones. En la estancia cayó la sombra de un asunto que ellos a todas luces conocían y que posiblemente habían tratado de olvidar.
—¿Te has quedado mudo, papá?
—No —contestó gangoseando—. Al enterarnos... decidimos mudarnos de casa.
—¿Al enterarse de *qué*?
Traté de hilvanar los datos. Ellos abandonaron el edificio cuando yo estaba en el último grado de la carrera. ¿Qué pudo ocurrir en ese tiempo lo suficientemente grave, tanto para hacerlos cambiar de residencia, cuanto para mantenerlo en absoluto secreto?
—Cuando yo era alcohólico activo —comenzó papá—, te fracturaste el brazo porque te empujé por la escalera... —se detuvo para buscar la mejor forma de decirlo—. Alma tenía nueve años y tú quince. Mientras mamá te llevaba al sanatorio, Ro bajó de su piso, me ayudó a entrar en la casa y me recostó. Alma estaba llorando desconsolada. Al quedarme dormido, Ro la llevó a la sala para explicarle que no debía tener miedo, que él la cuidaría y la protegería siempre.
¿De qué me hablaba? Me llevé las dos manos a la cara tratando de comprender lo que había detrás de sus palabras.

—*¿Alguna vez has sentido que eres un inútil?*
—*¿Por qué me preguntas eso?*
—*No sé... Pero así me siento a veces. Tonta, sin ganas de vivir... El mundo es una porquería... Yo paso mucho tiempo sola... Sólo mi tío Ro me comprende... Sólo estoy deprimida.*

¿Había dicho: *Sólo mi tío Ro*?
Una espada afilada me atravesó el cerebro al empezar a comprender...

Tu dolor fue conocido por todos y eso te ayudó a curarte, el mío en cambio fue secreto y me ha ido matando lentamente, con los años...

Dios mío, no era posible...

La piel se me erizó estremecida y sentí que mi espíritu se partía en dos...

—Alma le tenía mucho miedo a Ro —dijo mi madre al fin—, pero a la vez se sentía halagada de que la considerara alguien especial. No fue sino hasta muy entrada la adolescencia cuando supo que lo que él hacía con ella se llamaba incesto...

Sentí la parálisis de un terror electrizante.

¿Había escuchado bien?

Como un enfermo cardiaco que ha hecho más ejercicio de la cuenta, me recargué en la pared, oprimiéndome el pecho con la mano sintiendo que me desfallecía.

—Tú estabas en la universidad —tomó las riendas papá—, un día ella llegó ebria a la casa. Me asusté sólo de pensar que caería en la misma trampa de la que yo estaba terminando de salir. La reprendí muy severamente. Entonces me dijo que ya se había alcoholizado antes con su tío. La sacudí para que terminara de explicármelo todo. Tuvo que estar embriagada para revelarnos lo que mi hermano le hacía... El impacto y la culpabilidad fueron tan severos para mí, que comencé a tomar nuevamente. Recaí de forma terrible. Me volví mucho más dependiente de la botella que antes. Estuve a punto de morirme...

Mi madre había dejado de llorar y estaba sentada en la cama con la vista perdida. Parecía que su mente se había extraviado en el ayer y hubiese perdido la capacidad para valorar las consecuencias de lo que estaba recordando.

Mi padre reinició su arenga en voz baja y atonal:

—Alma nos confesó que Ro parecía tener un olfato especial para adivinar el momento en que podía encontrarla disponible. Ponía el seguro interior, le enseñaba todo tipo de besos y abrazos, la tocaba por debajo de la ropa y la obligaba... a sobarle "su parte". A veces a ella le daba asco y lloraba, pero él le decía que no quería hacerle daño, que estaba muy triste y muy solo desde que enviudó y que, de verdad, ella era la persona más importante en su vida. Cuando nosotros llegábamos de improviso, desaparecía subiendo la escalera de caracol.

—Un momento —la interrumpí sintiendo que la sangre me hervía en las venas—. ¿Ro le hacía eso a una niña de *nueve* años?

No contestaron. La respuesta era afirmativa.

—Mamá —le reclamé—, ¿qué hiciste tú? ¿No la ayudaste?

Movió la cabeza soltándose en un llanto terrible nuevamente.

—Nadie sospechaba lo que estaba pasando. Tu hermana era muy callada.

—¡Pero ella ayudaba a Ro a acomodar las cajas de películas en el videoclub todas las noches! Tú se lo pediste en reciprocidad a todo lo que ese cerdo supuestamente nos apoyaba. ¿Por qué no fuiste más maliciosa? ¡Era sólo una niña!

No hubo respuesta.

Tiempo después supe que detrás del mostrador, mientras Alma acomodaba las cajas, él la manoseaba; que una noche trató de penetrarla pero no lo logró, la lastimó, la hizo sangrar y le dijo que era algo natural y que debía aprender a ser mujer. Insistió en que su madre hacía lo mismo con su esposo y que todos los hombres y mujeres lo hacían... El cuerpo de Alma se cerró a toda posible entrada y el degenerado se resignó a eyacular obligando a la niña a acariciarlo y a besarlo.

Mi madre lloraba con gran aflicción. No podía o no quería hablar. Yo estaba preso de un coraje ingente, indescriptible, más terrible del que haya sentido nunca en mi vida.

—Ustedes se cambiaron de casa cuando Alma tenía diecisiete años —calculé—. ¿Por qué nunca me dijeron...?

—No queríamos preocuparte —aclaró papá—. Estabas terminando con honores tu licenciatura y deseabas iniciar un posgrado.

—¡Pero cómo...! —grité dando un fuerte golpe sobre la cómoda—. ¿Qué derecho tenían a ocultarme lo que pasaba en *mi* familia?

—No creímos que lo tomarías así.

Comencé a llorar de rabia, de tristeza. Me sentía humillado por haber sido excluido.

¡Cuántas cosas pueden ocurrir cerca de nosotros sin que nos

demos cuenta! Los padres suelen ser los últimos en enterarse de los problemas sexuales de sus hijos, los engañados los últimos en saber de la aventura de su cónyuge, los hermanos los últimos en saber sus angustias mutuas...

Lisbeth, pasmada, yerta, miraba al suelo. Seguramente había escuchado muchos testimonios parecidos, pero éste, por la forma en que nos afectaba personalmente, la dejaba gélida. Yo tenía apretados los puños con tal fuerza que mis nudillos se habían puesto blancos. Recordaba la mirada de mi hermanita en el hospital cuidándome. Siempre tan solícita y dulce... En aquel entonces, no pude imaginar que esa niña inocente había vivido más que yo, conocía la maldad del mundo más intrínsecamente y estaba atorada en una frustración más lacerante que la mía.

—Papá —reclamé furioso—. Rehabilitarse de una enfermedad como la tuya implica un crecimiento espiritual muy grande, implica rodearse de gente muy positiva. ¿Por qué no le transmitiste a tu hija todo lo que sabías?

—No hubo tiempo, ¿entiendes? *Tiempo* fue el problema... Cuando ella nos reveló todo, yo tuve la recaída. Volví al hospital de desintoxicación. Estuve en tratamiento por varios meses. Al reponerme, nos mudamos de casa y comencé a tratar de ayudarla, pero ella estaba muy endurecida y a las pocas semanas se fue con aquel fulano...

—Y yo —bisbisó mi madre al fin con voz entrecortada— la consolé, intenté llevarla con un psicólogo, pero no aceptaba nada de mí. Me odiaba.

—¿Qué le hicieron a Ro?

—En cuanto nos enteramos, subí a reclamarle —comentó papá—, nos peleamos a golpes. Tu abuela presenció la escena. Parece que nunca se recuperó de eso. Desde entonces se le declaró la diabetes.

—¡Pobrecita! —me burlé—. ¿Qué más hicieron?

—Era un familiar, no lo podíamos meter a la cárcel. La salud de tu abuela estaba de por medio. Nos alejamos de él. Eso fue todo.

—No lo puedo creer...

—Cariño —interrumpió Lisbeth acercándose—. Se nos hace tarde. Debemos ir a ver a Alma.

16

ABUSO A MENORES

Depositamos la llave en el buzón del hotel y salimos a la calle sin hablar.

Papá había estacionado su coche enfrente.

Lisbeth y yo nos subimos al asiento trasero. Estuve a punto de sentarme sobre una enorme Biblia llena de anotaciones.

—Qué sorpresa —le dije a mi padre—. ¿Lees este Libro?

—Preparo un discurso. El domingo en la iglesia me toca hablar un poco.

Cierta emoción de avenencia me invadió. Algo bueno tenía que haberle ocurrido a mi padre en tanto tiempo, pero de pronto sospeché una irregularidad en el asunto y comenté:

—¿Eres un pintor de monstruos?

—No te burles.

—Claro que no. Tú sabes que soy profundamente creyente, pero cuando conozco a alguien que es incapaz de convertir en *hechos* sus conceptos teológicos creo que es un pintor de monstruos.

—¿Pintor de...?

—Sí. El que pinta perros, caballos o gatos tiene que ser un profesional, porque *todos saben* cómo son esos animales, pero el que pinta monstruos puede dibujar espantajos a su libre antojo y siempre le saldrán bien.

Me observó sin entender. Continué motivado por un fuego que no había terminado de sofocarse:

—Tomar la Biblia y levantarla diciendo *"a Dios no le agrada tu actitud"*, *"Dios se va a enojar por lo que piensas"*, *"Dios está triste"*, *"Dios me dijo que hicieras aquello"*, es pintar monstruos. Sabes que no fallarás porque nadie ha visto a Dios, pero te envistes de una falsa autoridad para hablar en su nombre, hablar ficticiamente, escondido detrás de tu trinchera. **HABLAR**, ¿me explico? Porque **HACER** las cosas es distinto, es como pintar rostros humanos. Todos podrían saber si te equivocaste.

—Discúlpame, pero no te entiendo.

—No importa. Nunca nos hemos entendido.

Llegamos al departamento de Alma.

Tocamos a la puerta y aguardamos.

Nadie nos abrió.

Traté de distinguir lo que había en el interior a través de la gruesa cortina mientras Lisbeth volvía a tocar. Era inútil. No había nadie. Me sentí impotente sin saber cuál era el siguiente paso. ¿Hacer guardia en ese lugar? ¿Cuánto tiempo? ¿Horas? ¿Días?

Me desesperé.

—¡Alma! —grité golpeando el cristal con la palma de la mano—. Soy Zahid. ¡Si estás ahí ábreme..!

La vecina del departamento contiguo abrió la puerta y nos miró amenazadora.

—¿Usted conoce a la persona que vive aquí? —le pregunté apenado por el escándalo.

—No me llevo con ella.

—¿Pero sabe dónde puede estar?

—No.

La vecina cerró su puerta con despecho; encrespé los puños indignado. Tuve un último arrebato y pateé la puerta del supuesto cuarto de Alma.

Nos miramos sin saber qué hacer.

—Nosotros conocemos su antiguo domicilio —dijo papá—, está un poco lejos, pero tal vez ahí sepan de ella.

—¿Y si llega aquí? —objeté.

—Zahid y yo podemos quedarnos aguardando mientras ustedes van.

Asintieron y se fueron sin despedirse. Los vimos alejarse.

Me desagradaba haberme tenido que quedar "de guardia". Para mi natural carácter hiperactivo, era todo un sacrificio permanecer quieto.

Lisbeth y yo nos abrazamos por la espalda recargados en la baranda del edificio mirando hacia abajo en un ambiente de profundísima tristeza.

—Lo que le ocurrió a tu hermana —mencionó casi en un susurro— es más común de lo que se puede pensar.

La miré cuestionante y tratando de hallarle sentido a todo eso, me aferré a la idea de poder conversar *no* con mi esposa sino con la directora del *Centro de Protección para la Mujer*.

—Todo el mundo sabe que estas cosas ocurren —proferí—, pero, ¿a qué grado?

—Al grado de que cualquier persona puede tener en su familia a una Alma.

La atisbé con desconsuelo, abrigando la fe de que, al dialogar, iba a poder disminuir un poco el peso de la losa que me prensaba. Se dio cuenta de mi avidez y comenzó a hablar muy despacio:

—A nuestro alrededor hay miles de casos de incesto diariamente. **Las víctimas varían de los dos meses a los dieciocho años de edad** —se detuvo para contemplarme con ternura. Le hice una seña con la cabeza para que siguiera—. De los millones de jóvenes que abandonan su casa cada año —puntualizó—, se ha comprobado que de cuarenta a sesenta por ciento *lo hacen porque han sufrido abusos sexuales.*[1]

Observé la puerta del departamento cerrada.

—¿Y por qué ella no se limitó a huir? ¿Por qué no trató de hacer su vida nuevamente? ¿Por qué el problema la persiguió hasta aquí?

---

[1].- Kempe y Kempe *(Sexual abuse of children and adolescent, Nueva York, Freeman and co, 1984)* referido en: Earl Wilson, *"Rompamos el silencio". Esperanza para las víctimas del incesto*. Editorial Vida.

—Tu hermana no está en esta situación por casualidad. Se haya culminado o no un acto genital, el daño del incesto casi nunca es físico, es psicológico. Produce *falta de confianza, miedos obsesivos, timidez, baja autoestima, vergüenza, sensación profunda de culpa, incapacidad para decir "no" a las presiones sexuales posteriores, aislamiento y depresión...*

Tomé entre mis dedos la hoja de una planta artificial que adornaba la terraza admirando lo real que parecía. Cualquiera hubiera dicho que Alma y yo éramos amigos. Los lazos humanos son muchas veces así. Bellos por fuera, pero artificiales, muertos, de plástico, igual que las hojas de esa planta.

—Pensé que estos asuntos sólo ocurrían en películas —susurré como para mí.

—Bueno, Zahid. Tú y yo hemos visto filmes que muestran a una mujer de la calle vendiendo su cuerpo por el severo trauma que le produjo un incesto... Pero esta situación es común y antigua. Debes saber que el abuso sexual a niñas es el origen de la gran mayoría de la prostitución. En un reciente estudio estadístico se asegura que ochenta por ciento de las prostitutas sufrieron abuso sexual en su infancia, que ochenta por ciento de los violadores de menores fueron violados *cuando eran niños y que la mayoría* de las mujeres que han sufrido abusos *en su niñez,* presenta disfunciones sexuales cuando es adulta.[2] Además, existe la pornografía infantil; revistas y películas que promueven abiertamente el incesto y el estupro.[3]

Me quedé mudo por un largo rato asombrado por los terribles datos que me estaba dando la fundadora del *Centro de Protección para la Mujer.*

—En qué mundo vivimos... —exhalé después.

—El abuso a menores es un problema serio.

---

[2] Daniel Mc. Ivor, *"Incest, Treatment strategies"*. Mulltnomah Press, A silent to be broken.

[3] Sólo en Los Angeles, California, se usan más de 30 mil niños para la pornografía infantil. Fuente: Earl Wilson, *"Rompamos el silencio"*. *Esperanza para las víctimas del incesto,* Editorial Vida.

—¿Pero cómo evitarlo? —pregunté.

—Para empezar, **enseñándoles a los niños desde muy pequeños que su parecer es importante; que todo lo que sienten merece ser escuchado, que tienen derecho a estar en desacuerdo, a decir lo que piensan e incluso a objetar las órdenes de los adultos con razones claras. Educarlos para cuestionar y proponer; crearles un carácter abierto y sin inhibiciones. Esto puede ser difícil de manejar para los padres autoritarios, pero es la mejor forma de protegerlos.**

Observé a mi esposa sin poder ocultar la angustia que me asfixiaba. Las gotas de sudor me bajaban por la frente. Extraje un pañuelo de mi bolsillo y comencé a secarme la cara.

Yo le di a Alma la obra *"Libertad interior"* para que la leyera, pero de haber sabido lo que le ocurría... la hubiera sacudido, le hubiera gritado en la cara: *"¡Alma, está bien si dices NO! ¡Es correcto si te quejas y manifiestas tu inconformidad! ¡Tienes derecho a no cargar con las culpas de otros, puedes cambiar de opinión, di abiertamente "no sé" o "no entiendo", libérate del complejo de acusado! ¡Es adecuado exigir que te expliquen las cosas! ¡Es saludable no caerle bien a todas las personas! ¡Nunca te amará nadie si no eres capaz de correr el riesgo de que algunos te aborrezcan!"*

Un nudo en la garganta me hizo agacharme. Abracé a Lisbeth desconsolado.

¿Por qué no les enseñan asertividad a los niños en la escuela como les enseñan matemáticas?

Me separé un poco y pregunté a mi esposa con cierto temor:

—El instinto carnal puede ser muy traicionero. Dime una cosa: ¿Para reducir las posibilidades de incesto hay que mantener alejados a los padres de sus hijas?

Lisbeth contestó con una seguridad inmediata:

—Eso nunca. Es exactamente **al contrario... Los padres que participan en la alimentación, en el cambio de pañales y en el crecimiento de forma CERCANA *desde que sus hijos son bebés*, tienen una mejor y más sana perspectiva de lo vulnerables que son los niños, aprenden a quererlos y no cometen nunca la atrocidad de distanciarse tanto de ellos *emocionalmente***

como para desear acercarse *físicamente* **de forma insana**... En una ocasión escuché a un hombre confesar que vivía tan DISTAN-TE de su hija que simplemente la veía como una **mujer** pequeña y que eso le llevó a acariciarla. Se bloqueó ante la idea de que era una niña y de que además era su hija... **Un padre intrínsecamente CER-CA-NO que les enseña a sus pequeños un deporte, un arte, una ciencia, que ora con ellos, que les platica sus emociones, los escucha, los ve crecer y aprende a amarlos como son, no puede bloquearse...**

Respiré descansado al oír su respuesta. Me preocupaba que los padres de hoy, ya de por sí distantes, tuvieran que mantenerse alejados de sus pequeños para evitar riesgos y era reconfortante saber que se requería exactamente lo contrario: *Cercanía*...

—Y cuando un niño está inmerso en el problema, ¿cómo se le ayuda?

—El pequeño atrapado por un degenerado, necesita, *alguien diferente en quien confiar*, que lo separe a tiempo de su ofensor, que le dé apoyo legal, que le ayude a dejar el pasado caminando comprensivamente a su lado... Requiere *alguien* que le diga que NO TIENE LA CULPA, que su ofensor es un desequilibrado que también necesita ayuda, que le enseñe a comprender, a perdonar, a ver hacia adelante; requiere de *alguien* que no pierda el control ni exagere diciendo que le han echado a perder la vida, *alguien* que lo trate como una persona normal, que lo ayude a sentirse aceptado, que le enseñe a jugar, a ser niño de nuevo y, de ser posible, que le muestre la posibilidad de identificarse con una nueva y diferente paternidad.

—Es todo un sistema... —comenté entristecido.

—Tal vez Alma todavía esté a tiempo de recibir alguna ayuda —comentó—, será muy difícil, Zahid, pero quiero decirte una cosa —levantó la vista para observarme con unos ojos decidida-mente sinceros—. Por ti, por mí, por nuestro pasado... Porque de algo debe servirnos la experiencia, si me lo permites y logramos encontrarla pronto, yo me convertiré en ese *alguien* que ella necesita.

Tuve deseos de besarla, agradecido por la esperanza que me dejaba sentir, pero no lo hice. Estaba demasiado confundido aún.

Repentinamente el tío Ro se me vino a la mente. Si no hubiera sido por ese desgraciado hijo de Satanás...

Di dos pasos hacia atrás disponiéndome a retirarme.

—¿Adónde vas?

—No te muevas de aquí. Vengo en media hora.

Cuando estuve frente al viejo edificio lo analicé cuidadosamente antes de entrar. El negocio de películas había cerrado y ahora se rentaba el local a un pequeño restaurante.

Miré la escalera forrada con baldosas de estilo antiguo; en sus bordes me golpeé cuando rodé por ellas la tarde en que mi padre me empujó. Subí lentamente respirando los aromas del recuerdo cual si las paredes sin pintar abrigaran entre sus partículas vibraciones intensas de sufrimiento. Pasé de largo frente a la puerta del piso que fue mi casa, la puerta que había sido forzada por los atracadores que me sacaron el ojo, la puerta que una noche abrí para hallar el bacanal de mi padre con sus amigos semidesnudos, la puerta que había sido cerrada por dentro cuando mi tío abusaba de Alma.

Eché un vistazo hacia arriba.

Mi abuela había muerto cinco años atrás y Ro se volvió a casar. Extrañamente (ahora me lo explicaba), se alejó de la familia cuando mis padres se mudaron. No fue a mi boda y nunca contestó las tarjetas postales que le envié.

Llegué respirando exaltadamente. No estaba seguro de poder respetar la norma de "ir pacíficamente contra corriente" al volver a ver a Ro.

Toqué la puerta fuertemente con los nudillos, movido por una carga de adrenalina incontenible.

Me abrió su esposa a quien yo no conocía. La hice a un lado para entrar.

—Vengo a ver al hermano de mi padre...

La mujer me miró con asombro y temor.

—¿Quién lo busca?

—¡Ro, viejo imbécil! —grité ignorando a la señora—. ¡Sal de tu cuarto!

El hombre apareció en pantuflas dando pequeños pasos, sin acabar de entender lo que pasaba.

Lo miré unos segundos sintiendo cómo la rabia me dominaba. Fue algo incontrolable.

—¿Por qué irrumpes de esa forma? —intentó reclamarme.

No lo dejé continuar. Me acerqué a grandes pasos y lo agarré de la solapa.

—Eres un maldito y pestilente cerdo.

—¿Pero qué te pasa?

Me volví ligeramente para hablar con la mujer que nos veía asustada.

—Señora. Este sujeto es un miserable degenerado que abusó de mi hermana durante muchos años. Comenzó a mancillarla cuando era una niña y con la excusa de estar ayudando a la familia siguió haciéndolo a escondidas... Es un puerco traicionero en quien no se puede confiar.

Ro tartamudeó intentando zafarse de mi opresión.

—Sal... sal... de aquí inmediatamente.

Mi mente ofuscada no alcanzaba a comprender lo que Lisbeth me había advertido respecto a que un abusador en realidad era una persona que necesitaba ayuda. Yo solía ayudar a mucha gente, pero al fulano que estaba frente a mí deseaba verlo hundido en los detritos.

—¿Quieres que salga de esta casa, cretino detestable? ¿De la casa que usaste como refugio para esconderte después de que abusabas de tu sobrina subiendo esas viejas escaleras de madera? ¿Cómo puedes tener la desfachatez de vivir en un lugar que debe de recordarte cada centímetro tus perversiones? ¡Eres un corrompido vicioso decadente!

Ro se zafó para tratar de correr a su recámara pero logré pescarlo de la bata antes de que pudiera encerrarse.

Lo empujé con violencia y cuando estuvo con la espalda en la pared me preparé para asestarle un fuerte puñetazo en el rostro, zafarle la dentadura postiza y romperle algunos dientes, pero justo un segundo antes me detuve jadeando. La mente ofuscada no pensaba en las consecuencias, pero la naturaleza íntima fraguada a través de muchos años de aprender a conducirme me impedía desquitarme por mi propia mano. Desde que perdí el ojo, ante las afrentas me había limitado a poner a Dios por testigo para seguir el camino con la absoluta confianza de que mi agresor recibiría su justo escarmiento. ¡Nunca lastimé directamente a otro! ¡No le debía nada a nadie, por eso triunfé! Recordé la carta.

"Tal vez no puedas ayudarme, sé que darías tu vista completa por mí, si fuera necesario, pero no quiero ser una carga más."

No se equivocaba... Mi vista y mi vida.

Levanté al viejo Ro como pude y lo arrastré hasta el balcón mientras él le susurraba a su esposa que trajera la pistola.

Lo icé para poner su inmunda cabeza fuera de la balaustrada y obligarlo a ver el panorama que yo vi cuando mi hermana estaba siendo atacada por los asaltantes en el piso de abajo.

—¿Te gustaría sentir lo que es caer al vacío sin que nadie te tienda una mano?

Lo empujé hasta poner la mitad de su cuerpo en el aire.

—Si sabes caer, tal vez no te mates. Procura que así ocurra...

—Por favor —suplicó aterrorizado al darse cuenta de que la amenaza iba en serio.

—¡Suéltelo!

La señora estaba detrás de mí apuntándome con el arma. Aflojé la presión y Ro se aferró a la baranda para quedar a salvo del despeñamiento.

La vieja lloraba y temblaba como una colegiala a la que se le ha exigido de improviso pasar al frente a explicar la clase. Me di cuenta de que la pistola no podía estar cargada y que ella, por su apariencia convulsa y torpe, definitivamente no tenía la menor habilidad para usar armas.

Volví hasta mi tío que se había puesto en guardia, pero era torpe y pesado. Lo empujé hacia atrás. Chocó con el antepecho del balcón y se desplomó de forma teatral. Cayó con las piernas abiertas como una muñeca rota.

Si en ese instante le daba una fuerte patada en los genitales era seguro que por la posición y la cólera, al menos le reventaría un testículo, pero era una forma muy barata de cobrarme. Yo ya no era el joven impulsivo de dieciocho años que destruyó la guarida de sus opositores.

Lo contemplé tirado sin poder evitar algunas lágrimas de rabia.

Me di cuenta de que el hombre estaba maldito, que una terrible condena había caído sobre él por sus mismos actos.

—Vivirás una amargura descomunal —le dije—, morirás solo y emponzoñado; no tendrás paz jamás. Es una Ley terminante y fatal: "Son normales los tropiezos pero, ¡hay de aquel adulto que haga tropezar a un niño o niña!, el castigo que le espera es tan grande que mejor le fuera que se atase al cuello una piedra de molino y se arrojase al mar". [4] Me das lástima. Lo más grave para ti, está por venir aún.

Me di la vuelta sin decir más, dirigiéndome a la puerta para salir del departamento, me despedí de la señora quien me veía aterrada y temblequeaba con las dos manos estiradas, asiendo una pistola que apuntaba hacia abajo.

---

[4] Sagrada Biblia, Mateo 18, 15 y Lucas 17, 1.

17

VOLAR SOBRE EL PANTANO

De regreso cavilaba que, en efecto, para triunfar se requieren dos elementos básicos: *preparación y sentido de urgencia*. Este último punto es un hábito de decisión y agresividad que no permite a la persona ser pasiva ni encogerse de hombros ante las circunstancias. Un triunfador es, en esencia, diligente y aventurado.

Me sentí un poco confundido, pues nunca había pensado que el *sentido de urgencia* podía llevar a alguien a dañar a otros. Seguramente Adolfo Hitler también había tenido preparación y *sentido de urgencia*.

"De acuerdo", refuté, "pero no tenía valores."

Le pedí al taxista que me prestara unos minutos el lápiz que llevaba en la oreja, saqué una de mis tarjetas de presentación y escribí al reverso lo que llamaría después *"La fórmula del valor humano"*:

VALOR HUMANO = BONDAD+CONOCIMIENTOS+ACCIONES

BONDAD + CONOCIMIENTOS (Sin acciones) = Ilusiones de sabios frustrados.

BONDAD + ACCIONES (Sin conocimientos) = Torpezas de ingenuos bienintencionados.

ACCIONES + CONOCIMIENTOS (Sin bondad) = Vilezas de líderes malvados.

Contemplé mi nueva teoría calibrando lo simple que era y la forma como proponía un modelo fehaciente para medir el valor real de las personas.

Devolví al taxista su lápiz dándole las gracias y me negué a aceptar que mi escarnio a Ro hubiera sido "vileza de líder malvado". A mí **no** me faltaba el tercer elemento de la fórmula. Yo era una persona buena, sólo estaba lastimado por la manera en que lastimó a Alma y, en efecto, me sentía mal por haberlo atacado, pero no arrepentido.

Encontré a Lisbeth parada en el mismo lugar en que la dejé, recargada en el barandal, mirando hacia abajo dubitativa.

—¿No ha habido nada? —Pregunté.

—No. ¿Adónde fuiste?

—A desahogar la presión que me estaba matando.

Toqué la puerta del departamento dispuesto a derribarla. No podíamos estar más tiempo ahí parados.

La mujer de enfrente volvió a salir.

—Lo siento —comenté—. ¿De verdad no puede informarnos *nada* respecto a la persona que vive aquí?

La vecina se dio cuenta de que no nos iríamos hasta hallar una solución.

—Lo único que sé —anunció con voz parca— es que tiene una amiga en el sexto piso. Departamento dieciocho.

Desconcertado aún por el dato inesperado comencé a agradecerle, pero ella volvió a cerrar sin esperar respuesta.

Dejamos una nota a mis padres y subimos inmediatamente las escaleras hasta llegar al lugar indicado.

Por un momento ninguno de los dos se atrevió a tocar.

Había sido demasiada angustia desde que iniciamos el viaje, demasiados descalabros en nuestros descubrimientos. No deseaba recibir el siguiente golpe.

Antes de llamar, la puerta se abrió y salió una mujer joven bien arreglada.

El sobresalto fue mutuo.

—¿Se les ofrece algo?

—Sí... no... es decir... ¿éste es el departamento dieciocho?

Nos estudió con desconfianza. En la puerta había dos grandes números: un uno y un ocho. Lisbeth salió al rescate con más aplomo.

—Disculpe nuestra aprensión, pero tenemos varias horas buscando a una joven llamada Alma Duarte. Somos sus familiares. Ella nos instó a venir. Escribió una carta urgente y ha sido muy difícil encontrarla. ¿Usted nos puede informar?

—¿Cómo sé que no son policías?

Nos quedamos estáticos. ¿Es que acaso mi hermana tenía alguna deuda con la ley? Un rayo mental me permitió dilucidar que si ella se drogaba, tal vez la buscaran por posesión o tráfico de estupefacientes... además de que... su *oficio* estaba lleno de peligros.

Me moví con torpeza para extraer de mi bolsa la manoseada carta y se la extendí a la mujer. Ella la analizó cuidadosamente.

—Es su letra —murmuró—. Espérenme un momento.

Entró al apartamento y cerró la puerta.

—¿Sabes una cosa? —me confió Lisbeth—, tengo la sensación de que esta vez estamos muy cerca de tu hermana.

Asentí.

La joven volvió a aparecer después de un rato, mirándonos con un gesto que denotaba mezcla de temor y esperanza.

—Pasen, por favor.

Caminamos cautelosamente detrás de ella.

El lugar era oscuro aunque limpio y bien distribuido. Una ventana central al fondo de la estancia hubiera podido proporcionar la luz suficiente, pero las cortinas estaban casi cerradas. Sólo pasaban los rayos del sol por el centro, marcando un haz que se dispersaba de manera piramidal, con el vértice en el cristal y la base hacia nosotros.

Me sentí sumamente inquieto. Podía percibir que Alma estaba ahí.

—¿Gustan tomar asiento?

—No. Es decir... Gracias. Después.

Repentinamente, una figura humana se movió desde la parte oscura de la cortina hacia la abertura que permitía el resplandor.

Se trataba de un cuerpo delgado que bloqueó el paso de los rayos solares y a cuya silueta, a contraluz, los dorados haces le dibujaron un aura perimétrica.

—¿Alma?

No contestó.

Se hallaba de pie ligeramente encogida y retorciéndose los dedos.

Avancé decidido.

A cada paso, la visión se iba aclarando y cuando estuve frente a ella me quedé frío por el espantoso cambio que descubrí en su rostro.

Era mi hermana, pero *no lo era*.

Estaba viva, pero *no lo estaba*.

Su aspecto avejentado me asustó. Traté de disimular el pasmo y esbocé una sonrisa artificial.

—Zahid... —murmuró.

—Cómo has cambiado... —le dije.

—No te imaginas *cómo*.

Inicié el ademán de levantar las manos para abrazarla, pero me detuvo poniendo las suyas sobre mis antebrazos.

Lucía una cabellera teñida, quemada por el excesivo uso de productos químicos, surcos visibles en el entrecejo, rostro pálido, ojeras grandes y profundas. Estaba vestida con ropa de cama, aunque evidentemente se había peinado y maquillado de forma apresurada minutos antes.

—A... apenas recibí tu... carta —expliqué tartajeando—, viajamos para buscarte. No pusiste domicilio. En el hospital nos informaron...

Se agachó con pesadumbre.

—De modo que ya lo sabes.

Volví a alzar una mano para ponerla cariñosamente sobre su hombro. Mi cerebro no acababa de acostumbrarse a la idea de verla así.

—Todos hemos sufrido, Alma. Hemos enfrentado problemas serios, pero nos hemos repuesto. ¿Por qué tú...?

Interrumpí la pregunta. Ignoraba cómo hablarle, qué decirle. No podía cometer el error de hacerla sentir agredida.

—¿Por qué, *yo qué?* —respondió altanera y evadió el contacto físico dando unos pasos.

Lisbeth estaba en el centro del recinto. Ambas mujeres se encontraron frente a frente.

—Te presento a mi esposa —le dije siguiéndola—, nos casamos hace cuatro meses. Te busqué para que nos acompañaras a la boda, pero nadie sabía de ti.

Sonrió con tristeza. Terminó de llegar al sillón de la modesta sala y se dejó caer.

La amiga se adelantó para indicar que debía marcharse.

—Se quedan en su casa. Alma, nos vemos al rato.

Mi hermana dijo adiós con la mano y suspiró.

—Vaya, vaya… —comentó—. Zahid el triunfador… después de, ¿cuántos años?

Su pregunta era a la vez nostálgica y acusadora.

Me acerqué para ponerme en cuclillas frente a ella.

—Hermana, hemos venido por ti. Tienes que salir de aquí, queremos ayudarte.

Me miró unos instantes y a esa distancia caí en la cuenta de que su visión era difusa y que me veía sin verme.

—¿Te sientes bien?

Se echó para atrás y cerró los ojos.

—Dormí mal.

Entonces detecté un tono irregular en su voz.

Me senté a su lado y ya no traté de tocarla.

—Lisbeth es directora del mejor centro de ayuda para mujeres —le dije—, si vienes con nosotros, te aseguro que las cosas cambiarán.

—Nadie quiere que las cosas cambien —susurró sin abrir los ojos.

—No es eso lo que dice tu carta.

—Me arrepentí de haberla escrito.

—No digas eso. Sólo déjanos ayudarte —puse mi mano sobre la de ella y volvió nuevamente a reaccionar. La juzgué mal al creerla débil y al haber sospechado su mente omnibulada. Me empujó con gran fuerza y se puso de pie para pararse frente a mí con una actitud de verdadero desamor.

—Tu *creciste,* Zahid, tuviste más fuerza, más coraje, más deseos. Yo, en cambio, *envejecí,* no tenía cimientos emocionales, viví en un hogar deshecho con una madre amargada, con un padre enfermo y con un tío —sonrió— muy especial... Estoy decepcionada de los hombres, harta del amor, indigestada de tanta suciedad.

Caminó furiosa. Lisbeth se acercó tratando de calmarla.

—Yo te entiendo, Alma. Puedes estar segura. Si nos dejas ayudarte te prometo que...

—No... —se enfrentó a mi esposa—, todos los que han prometido algo, me han *utilizado,* han mentido, han jugado conmigo. Además, ¿qué derecho te autoriza a venir a enseñarme nada? ¿Con quién crees que estás hablando?

—Si no confías —la interrumpió mi esposa subiendo el volumen de voz—, te ahogarás sola...

—¿Confiar? ¡No hay una persona honesta! Toda la gente siempre esconde, detrás de lo que hace, sus mezquinos intereses personales... Ya no soy fácil de engatusar. Váyanse. Nadie los necesita ya...

Por un momento dudamos al escuchar su vehemente conclusión.

—Alma —le dije acercándome, con una pena que se estaba convirtiendo en angustia—, ¿tampoco puedes confiar en *mí...*?

Quizá recordó la desesperada sinceridad de su carta escrita en un momento en el que "todavía pensaba con lucidez", tal vez evocó nuestro miedo infantil ante los estropicios paternos, quizá rememoró nuestra alianza secreta en ese cuarto de hospital en el que ella me cuidaba y yo me enfurecía por la injusticia que no acababa de asimilar, quizá simplemente me reconoció, porque bajó la guardia.

—En ti, Zahid, sí quisiera confiar... pero... —se interrumpió—. Todos han querido sólo mi cuerpo... —balbuceó—. Desde que era muy niña fue así. Cuando las cosas más terribles e inexplicables pasaban a mi alrededor, Ro me abrazaba y me acariciaba con ternura. Yo era pequeña... No sabía de qué se trataba, pero estaba tan asustada y tan necesitada de amor... —hizo una pausa para respirar y continuó—: al entrar al bachillerato me di cuenta de todo el mal que me habían hecho; comencé a pasear con un muchacho y cuando éste me tocó, bajé la guardia. No pude decir que no... De hecho era bastante tímida, pero en ese aspecto sabía muchas cosas... Me dejé hacer... Acepté, lo que mi compañero quiso... Con el paso del tiempo, todos los hombres me buscaban... Aprendí a manejarlos con estrategias que ninguna chica de mi edad sabía usar. Fui agresiva. Lastimé a muchos. Tenía un gran rencor dentro de mí. Un hombre mayor se dio cuenta de mi degradación. Prometió ayudarme si me iba con él. Me explotó. Se burló de mí. Cuando se hartó, me dejó en la calle. No me sentí digna de regresar con mis padres ni de ir a buscarte, Zahid... Tú eras "el ejemplo a seguir". ¿Cómo iba a explicarte mi ruina? Además, no tenía fuerzas para moverme... Sabía que en cualquier lugar al que fuera alguien querría usarme. En la calle encontré otros caminos.

Quise contestar, pero sólo logré articular un par de sonidos guturales y me quedé callado.

—Agradezco tu gesto de venir, pero es inútil —sentenció—, dos hermanos de la misma familia pueden tener diferentes dones y destinos. Yo fui la torcida, tú el virtuoso... Dejémoslo así.

El problema no era preguntarle si deseaba o no ser ayudada. Ella estaba convencida de su destino nefasto, creía firmemente en un sino involuntario que la había emponzoñado y contra el cual era inútil luchar. El reto consistía en hacerla ver que ella tenía los elementos necesarios para salir, que estaba ahí porque así lo había querido, que su extravío, por el que sentía cierto orgullo, era en realidad una opción que ella había elegido.

—Desde que me fui a la Universidad —recordé—, te enviaba libros cada mes. Te escribía respecto a la necesidad de llenarte de ideas nuevas y positivas. ¿Leíste el material?

—Soy de poca lectura.

—¿Eso significa que no leíste *nada*?

—Comencé a hacerlo, pero lo dejé.

—En tres ocasiones te llevé a un grupo de Al-Anón. Me acompañaste y prometiste que seguirías asistiendo. ¿Lo hiciste?

—Zahid, ¿qué quieres demostrar? Yo tenía muchos problemas, no podía cumplir con sistemas rígidos...

—Mentira. Después del careo hablé muchas veces contigo. Me preguntabas en son de burla si iba a darte otro sermón. Eras cínica. No culpes a nadie. Estás aquí porque quieres.

Alma se encaró conmigo en pie de lucha. No estaba dispuesta a sentirse responsable. Defendería su postura de ser "víctima del destino".

—A mi lado ocurrían cosas terribles —acusó—. Yo quería salir, pero la gente me empujaba hacia abajo cada vez más. Además, carezco de tu talento y de tu carácter. No todos nacemos con las mismas capacidades. Las obras maestras están hechas por seres especiales. Los demás, los ordinarios, tenemos que conformarnos con mover de un lado a otro la basura.

—¡Basta! ¡No vuelvas a repetir eso! ¡Tienes el talento y la capacidad que quieres tener! Los seres ordinarios lo son **porque se desesperan.** Tienen flojera de pagar el precio. Quieren llegar a la cima en un año. Ven al triunfador y lo minimizan. Dicen: "si ese infeliz lo logró, yo también lo haré fácilmente", pero no se dan cuenta de que ese infeliz ha trabajado día y noche, se ha entregado, ha dado la vida por sus anhelos. El perezoso, arrogante, altivo, hace una labor mediocre y luego se siente frustrado cuando no consigue lo que juzgó tan fácil. Holgazanes para sembrar, Alma. Eso es todo. Es más fácil ir hacia abajo que batir las alas entumidas y volar. Todos seríamos capaces de realizar obras similares a las de Da Vinci, Miguel Ángel o Einstein, *si estuviésemos dispuestos a pagar el precio que ellos pagaron.* Tú no quisiste pagar ningún precio. Así de fácil. Fuiste apática. Tuviste a tu alcance las armas, pero ni siquiera hiciste el menor intento por tomarlas y luchar... Las ideas te hacen libre o esclava. De ideas positivas te sostienes para salir del fango como si fueran ramales de un árbol que se inclinan hacia ti.

Alma me miraba con una mueca de incredulidad y miedo.

¿Su hermano, lejos de compadecerla, le estaba señalando los errores sin piedad?

—Zahid, eres injusto. Tuviste cáncer, hallaste la medicina exacta para curarte y no la compartiste con tu hermana que también estaba enferma. Sólo le dijiste: Lee libros y si tienes suerte hallarás la fórmula secreta.

—Discúlpame, Alma —contesté de inmediato—, para nuestra enfermedad no existía una receta mágica. La medicina era **cambiar de actitud, lograr una nueva mentalidad, un incremento en la energía de autoestima,** y eso es un proceso a base de mucho esfuerzo PER-SO-NAL. Si no te esforzaste es asunto tuyo. Tuviste la medicina, pero no te la tomaste porque implicaba trabajo... Viste frente a ti un salvavidas y no quisiste nadar hacia él.

—Pero Ro se aprovechó de mi inocencia. Yo no sabía lo que me estaba haciendo. Creía que era normal. Cuando me enteré del daño que me produjo, me sentí frustrada, envilecida.

—Es la segunda vez que dices ese disparate. Entiende: nadie te hizo ningún daño, a menos que así lo creas —las palabras de Lisbeth se me vinieron a la mente y las repetí—: *Lo que arruina la vida no es un acontecimiento sino la interpretación que se le da. Es cuestión de ideas. Lo que para una cultura es normal, para otra puede ser una vileza. Si tú dices "es el fin", lo es. Si, por el contrario, dices: "La verdadera YO está intacta, me niego a tomar el veneno de la ofensa", entonces no tienes porqué hundirte...* No trato de hacerte sentir culpable, sólo quiero que reacciones. Incluso jamás dije ni diré que perdí un ojo por defenderte, mas, ya que lo mencionas en tu carta, no te equivocaste al suponer que daría mi vista completa por ti. Lo haría, Alma. Daría *no sólo* mi vista, sino *mi vida entera* para salvar la tuya, si así fuera necesario, pero con una sola condición: que tú desearas salvarte... Sin ese deseo, sin esa decisión firme y total de tu parte, hermanita, no cuentes conmigo. Síguete pudriendo si así lo quieres...

Alma permaneció quieta. Muda...

En la sala se percibían fuertes vibraciones de conflicto. Había amor, pero también rencor... Había razones, pero también desafuero. Había oscuridad, pero también haces luminosos que le daban al ambiente un velo de ambigüedad y lucha.

Lisbeth se acercó a mi hermana y la abrazó por la espalda.

Para mi sorpresa, Alma esta vez no se opuso. Comenzó a sollozar cual si ante el contacto de la espontánea amiga hubiese sentido al fin el peso de sus yerros.

Mi esposa la condujo hasta el sillón, se sentaron y comenzó a hablarle cariñosamente:

—Sólo la ayuda de un Poder Superior —le dijo— pudo sacarme a mí de donde estaba, lo mismo que a tu padre y a Zahid... Tú fuiste testigo.

Alma asintió ligeramente.

—No importa mucho adónde vayas —continuó Lisbeth—, **no importa mucho lo que tengas, pues lo que realmente importa es QUIÉN está a tu lado. Y si Dios está a tu lado, no hay crisis que te haga daño... La tribulación es crecimiento, y el triunfo, para su gloria...** Saldrás adelante y serás invencible. Aprende que no debes depositar todo tu amor y toda tu confianza en los seres humanos. Las personas flaqueamos y fallamos. Entiende que sólo cuando le entregas tu vida, tus pertenencias, tu sufrimiento y tu amor total al Señor, hallarás una misión que le dé sentido a tu existencia...

—Mi vida ya no puede tener sentido... Aunque quiera.

—¡Claro que puede! Es cuestión de decisión, de abandono, de entrega. Yo le di un hijo a Dios. ¿Sabes lo que es eso? El lo recibió en sus manos y me brindó la paz de saber que lo cuidaba, de la misma forma, tu vida, maltrecha o no, buena o no, ponla frente al Señor y dile: "es tuya". Permite que llene tu jarra vacía, tu espíritu atribulado, que limpie tu mente, que llene de amor tu corazón. El árbol podrido en que te refugiabas fue tragado por el pantano, caíste al fango y has permanecido en él durante años. Sacúdete el pestilente lodo, ten el coraje, la fuerza y la fe para mover tus alas anquilosadas, hasta que logres elevar el vuelo rumbo al bosque fértil que te está esperando...

Alma levantó la cara y nos miró. En sus ojos ya no había enojo, sólo una gran pena matizada con agradecimiento.

—Yo he dañado mi cuerpo... —articuló—. Sus palabras me dan gran consuelo, estoy dispuesta a intentarlo. Se lo juro... pero... Zahid, dime una cosa, ¿qué fue lo que te informaron en el hospital?

—Lo de la heroína y lo de la prostitución.

Me miró a la cara como esperando que dijera más. Al ver que no continuaba, la negrura de un pensamiento atroz ensombreció su mirada. Agachó la cabeza llena de una profunda tristeza repentina.

—Es bueno que no hayan sabido *toda* la historia... porque... yo... necesitaba oír lo que me han dicho y tal vez se hubieran detenido...

—¿*Toda* la historia? ¿A qué te refieres, Alma?

—Hay algo que ignoran.

—Dios mío...

—Hace unos meses caí en shock por una sobredosis.

—Eso lo sabemos.

—Cuando me llevaron al hospital San Juan, me hicieron todo tipo de análisis...

Un escalofrío de terror me electrizó el cuerpo. Recordé las palabras de la psicóloga: *"Tratamos de ayudarla. Las cosas se complicaron. Después del diagnóstico cayó en una terrible depresión".*

¿Después del diagnóstico?

Cerré los ojos esperando que no se tratara de aquello que era lógico; aquello que era un efecto natural de muchas de sus causas. Por desgracia me equivoqué.

Sin más vueltas me lo dijo:

—Tengo SIDA...

EPÍLOGO

Tuvimos que atacar por partes el problema.

El primer paso a seguir fue el proceso de desintoxicación, para el cual mi hermana ingresó nuevamente en el hospital San Juan.

Presenciar el síndrome de abstinencia de un heroinómano no es plato de gusto para nadie. Alma sufrió diarreas agudas, vómitos, fiebres, alucinaciones, falta de apetito y de sueño. Más de una vez, por los ataques de desesperación en los que perdía toda capacidad de razonamiento y se volvía agresiva, tuvieron que amarrarla.

Mi esposa, tal como me lo ofreció, se hizo cargo de apoyarla física, moral, espiritualmente. Mis padres también ayudaron y estuvieron pendientes del proceso.

Debo confesar que mi vida no ha vuelto a ser igual desde que la encontramos.

He comprendido, no con poco pesar, que llegar a subir el rascacielos, hacerse de títulos, riquezas y prestigio pierde su valor si no podemos compartirlo después con los seres que más amamos.

Lisbeth hizo todo lo humanamente posible por ayudarla. Me dolió mucho ver la desesperación de mi esposa. Pensé que quizá recordaba a Martín, el padre de su hijo de quien, después de que salió de la cárcel, no volvió a saber nada y que también se drogaba...

Han sido tiempos de golpes duros.

Y es que todos hemos sido transformados de alguna forma.

¡Quién iba a pensar que a unos días de la apertura de mi empresa principal yo me hallaría envuelto en un conflicto emocional tan enorme!

No pude contravenir las entusiastas expectativas de mis cola-
boradores, así que, aunque mi estado de ánimo no era el ideal,
asistí a la ceremonia de inauguración.

Fue un discurso espontáneo, pues iba sin prepararme. No
recuerdo lo que dije. A decir verdad, mientras hablaba no pensaba en mis empleados sino en Alma... Indirectamente le decía que
la mente siempre puede salir del pozo, que el espíritu es capaz de
echar fuera la enfermedad del cuerpo, que no importando el tiempo que le quedara de vida, tenía que levantarse y dar su mejor esfuerzo.

En mi empresa nunca supieron cuál fue la verdadera motivación del discurso, pero a la gente le gustó, al grado de que alguien, mientras yo hablaba, logró escribir un pequeño fragmento
que después enmarcaron y colgaron en la recepción de las oficinas
principales.

EL SEGUNDO AIRE

*Hay un dicho deportivo que versa: "Si no duele, no hace
bien".*

*Sólo pueden ganar competencias importantes los atle-
tas, estudiantes, profesionistas, empresarios y jefes de familia que lo entienden.*

*En la pugna, todos los contendientes comienzan a sufrir
al alcanzar el borde de la fatiga. Es una frontera clara en
la que muchos abandonan la carrera, convencidos de que
han llegado a su límite.*

*Pero quienes no desertan en la línea del dolor, quienes
hacen un esfuerzo consciente por aceptar el padecimiento
que otros evaden, de pronto **rompen el velo** y entran en un
terreno nuevo que se llama **SEGUNDO AIRE**.*

En el *SEGUNDO AIRE*, la energía regresa en mayores cantidades, los pulmones respiran mejor, el sistema cardiovascular trabaja con más eficiencia, el cerebro agudiza sus sentidos.

Sólo en el *SEGUNDO AIRE* se gana.
Sólo en este terreno se hacen los grandes inventos.
Sólo aquí se realizan las obras que trascienden y las empresas que dejan huella.

Ésta es una empresa del *SEGUNDO AIRE*.

Los que trabajamos en ella sabemos insistir y resistir.
Sabemos que dando más de lo que debemos dar recibiremos más de lo que esperamos recibir.
Sabemos que nuestros resultados son superiores porque están dados después de la fatiga, porque no fueron fáciles ni gratuitos, porque ocupamos este puesto después de haber hecho un esfuerzo extra en la vereda.
Nuestro amor por lo bien hecho es lo que nos une.
Nuestro celo por lograr y conservar un liderazgo que no tiene precio.
Nuestra complicidad por haber llegado juntos a la línea de sufrimiento y haberla traspasado para permanecer unidos en el SEGUNDO AIRE, donde ya no se sufre, donde todo son resultados...
Nuestra convicción de que *AL APLICAR ESTE MENSAJE Y DIFUNDIRLO* estamos asociados en uno de los más grandes e importantes proyectos de la historia.

Para mi hermana fue un sacrificio enorme dejar la droga.

Luchó contra ese monstruo por más de seis meses. Verla debatirse y consumirse fue como presenciar las enormes fuerzas del mal manifestándose antes de ser destruidas.

Yo me quedé a velar cuidándola día y noche.

Una mañana, me dijo que deseaba reponerse y hacer un decoroso papel en la recta final de su vida, pero no sabía cómo.

—Tengo el virus del SIDA en mi cuerpo —me dijo—, pero aún no se me ha manifestado. Ayúdame, Zahid. Sé que Lisbeth salió adelante de problemas similares, sé que ella tuvo la fuerza de voluntad que me faltó a mí. También tu caso es interesante. Necesito que me expliques con detalle cómo hallaste los troncos de salvación. O no —corrigió—, mejor escríbelo. Así podré repasarlo, estudiarlo, memorizarlo...

—Yo no soy escritor.

—Todo está en la mente —me dijo sonriendo—, si no quieres serlo, no lo eres...

—Pero no me gustaría que otros pudieran leer nuestras vidas íntimas.

—¡Al contrario! ¿Tú sabes lo que pueden ayudar? ¿De qué sirve guardar el secreto? Existen muchas personas que, como me ocurrió a mí, no tienen el coraje de asirse a una rama para salir del pantano... Yo he comprendido que tengo el deber de reponerme de la mejor forma posible, pero tú debes escribir ese libro... Por favor. Mírame a la cara y prométemelo...

La confusión de emociones me hizo muy difícil redactar estas páginas, bien que lo hice en cumplimiento de promesas...

Alma salió del hospital veinte kilos abajo de su peso.

El día que fue dada de alta oramos juntos.

Ella perdonó a Ro y pidió a Dios por él, aunque nunca lo volvimos a ver.

Fue muy conmovedor oír eso.

Mi padre realizó una fiesta en su honor para recibirla, aunque con pocos y selectos invitados.

Alma hizo lo que debió hacer quince años atrás: comenzó a leer, a escuchar conferencias, a asistir a grupos... Me consta que este libro lo leyó al menos cinco veces, lo subrayó e hizo algunos diagramas resumiendo lo que a su juicio era más importante.

A ella se le exigió un precio muy alto por la droga, pero aceptó pagarlo, dejó de culpar a los demás, trabajó muy duro, a brazo partido por salir adelante y halló en su vida un *segundo aire*.

Mi hermana, hasta la fecha en la que escribo este epílogo, está viva, pero espiritualmente murió para volver a nacer. Actualmente viaja por todo el mundo como parte activa de un grupo que organiza eventos para prevención del *SIDA*.

Con ella comprobé una verdad que me hacía falta comprender con toda su contundente fuerza: **Nunca es tarde**.

No importa lo que se haya vivido, no importan los errores que se hayan cometido, no importa las oportunidades que se hayan dejado pasar, no importa la edad, siempre estamos a tiempo para decir *basta*, para oír el llamado que tenemos de buscar la perfección, *para sacudirnos el cieno y volar muy alto y muy lejos del pantano...*